Keep healthy & happy
all the time!

Jake K. Lee
이근철

_______________님,

그리고 이근철TV 영어회화 독자 여러분,
늘 몸과 마음 건강 잘 챙기세요!

입이 터질 수밖에 없는 Easy Breezy English

이근철TV 영어회화

입이 터질 수밖에 없는 Easy Breezy English

Success is not the key to happiness. Happiness is the key to success!
Plus, the door to happiness always opens from inside first.

성공은 행복의 열쇠가 아니다. 행복이 성공의 열쇠이다!
더불어 행복으로 향하는 문은 항상 안에서 먼저 열린다.

머리말

제가 아주 어렸을 때 집에는 진공관 전축이 있었죠. 거기서 흘러나왔던 팝송과 TV 외화, 그리고 오랫동안 지녀 온 다른 문화에 대한 호기심이 현재의 저를 만들었다고 해도 과언이 아닙니다.

언어는 요리와 같습니다. 수많은 요리비법을 이론으로 아무리 많이 배워도, 정작 호기심을 가지고 실제 요리를 해보지 않는다면 그 누구도 셰프가 될 수 없겠죠. 중요하고 기본이 되는 요리재료들을 먼저 알고 충분히 맛보고 설렘으로 반복하면 그 어떤 새로운 요리를 만들든 두려움이 아니라 즐거움이 될 겁니다.
어디서부터 어떻게 시작해야 할지 모르는 분들을 위해, 영어의 중요 재료를 모아 충분히 맛볼 수 있도록 책을 만들었습니다. 30년 영어를 가르치고, 25년 방송을 해 온 노하우로 초보분들을 위해 시작했던 YouTube 방송 〈이근철TV〉의 첫 번째 책이기도 합니다. 〈이근철TV〉의 동영상과 함께 차근차근 즐겁게 몰입하시면 꼭 원하는 수준의 회화를 하실 수밖에 없으실 겁니다!

이 책이 나오는 데 정성을 쏟아주신 모든 분들께 진심으로 감사드립니다. 책을 처음부터 끝까지 전문가의 손길로 완성해준 정영선 팀장님, 깔끔한 디자인으로 돋보이게 해준 구진희 님, 꼼꼼하게 검토를 해준 Dr. Richard Harris, 〈이근철TV〉 모든 영상의 틀을 잡고 완성해준 이찬형 부장에게 고마움을 전합니다. 그리고 오랫동안 저를 늘 응원하고 도움 주시는 양선우 편집장님, 더불어 이퍼블릭(E–Public)의 유성권 대표님과 직원분들께도 많이 감사드립니다. 마지막으로 이근철TV를 사랑해주시는 시청자분들 한 분 한 분께 머리 숙여 감사드립니다. 늘 몸과 마음 모두 건강하시기 바랍니다~!

저자 이근철 Jake K. Lee

Introduction & Acknowledgements

(이 영문 머리말은 이 책으로 수업을 하는 원어민 교사들을 위한 내용입니다.
동시에 독자분들께서도 머리말을 영어로 어떻게 쓰는지 한번 읽어 보고, 또 도전도 해 보세요.)

> "It was yesterday when I almost reached the end of 7th street, humming a jazz tune before I was stopped by a girl with an angelic smile in a white dress. Her simple sentence that I would die tomorrow came to me as stunning as her beauty."

What do you think is happening in your brain when you read through a simple story like this? Human minds have been trained and developed over eons in a special but most efficient way to deliver and share messages for their survival in nature. The first key to realizing this process is the ability to picture and imagine, which you just confirmed in the story that I wrote above.

1. Picturing

Each illustration in this book will definitely help your students dive into the world of imagination. Having your learners repeat after you with imagination at least 10 times is way more crucial to their improvement in English than just having them memorize the spelling of each word, as you already know.

2. Practice Simple & Easy

The second key is to practice the words with easy and simple examples. Commanding good language skills is like cooking. When you truly appreciate every taste of each bite, you become a real chef. Instead of explaining the rules of grammar, let your students taste enough simple & easy sentences until they love cooking their sentences to their liking. They'll naturally be wonderful chefs.

3. Psychology

How many words, phrases, or sentences students will remember is not as important and meaningful as how much confidence they will have in actual conversations in English. I've seen so many foreign friends whose mother tongue is not English enjoying their talks with only 500 to 1000 English words. Though the level of words and patterns in this book looks super easy, that's exactly what your students need to start and finish the whole course. The moment your students know how to use their confidence, you'll be amazed by the speed with which they'll improve their English. Thank you very much for listening to my thoughts on language education with patience and generosity.

My deep appreciation goes to everyone who made this project possible, pleasant, and inspiring: Sarah Jung, Jeenhee Koo, Richard Harris, Chomoo Lee. Sunwoo Yang and SungKwon Yu(CEO of E-Public) also deserve my special thanks for their sincere and constant support. Lastly, I'd like to thank in advance all the passionate teachers and ardent students who will have fun with this *Easy Breezy English* series!

The following are quotes I'd like to share with you:

Success is not the key to happiness. Happiness is the key to success!
Plus, the door to happiness always opens from inside first.

Make sure to open up your mind and your thoughts with this book, and you'll be happy and successful in whatever you want to do, including a commanding use of English.

Jake K. Lee

How to use this book

Step 1 Words & Emotions

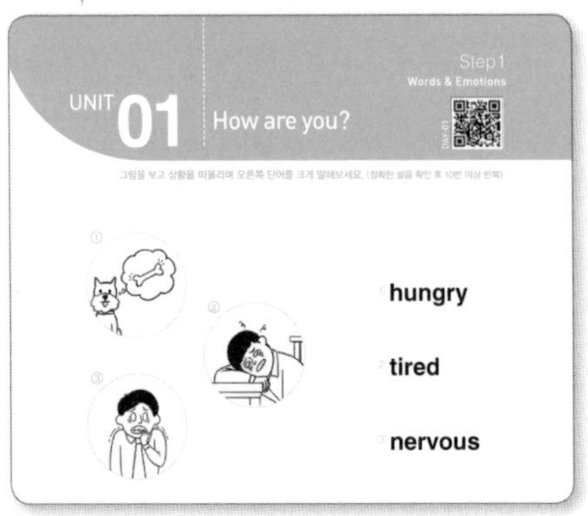

UNIT 01 How are you?

Step 1 Words & Emotions

hungry

tired

nervous

- 그림을 확인하고 영어 단어를 추측해보세요.
- 영어 단어와 발음을 확인하세요.
- 감정과 제스처를 곁들여 10번 이상 반복하세요.

Step 2 Patterns & Situations

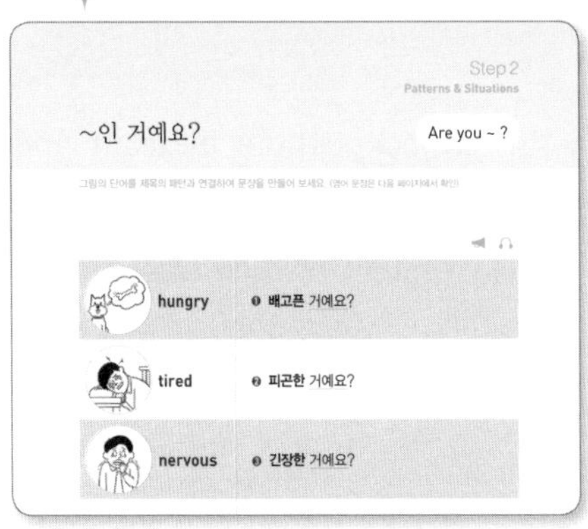

Step 2 Patterns & Situations

~인 거예요? Are you ~ ?

hungry	❶ 배고픈 거예요?
tired	❷ 피곤한 거예요?
nervous	❸ 긴장한 거예요?

- 어떤 때 이런 문장 패턴을 쓰는지 확인하세요.
- 앞서 학습한 단어를 사용하여 문장을 만들어보세요. (영어 문장은 다음 페이지에 있습니다.)

- 감정을 곁들여 큰 소리로 말해보세요.
- 정확한 발음을 확인하고 10번 이상 반복하여 크게 말해보세요.

Step 3 One More Step!

Step 3 One More Step!

왜 ~인 거예요? Why are you ~?

hungry	❶ 왜 배고픈 거예요?
tired	❷ 왜 피곤한 거예요?
nervous	❸ 왜 긴장한 거예요?

- 활용할 패턴을 확인하세요.
- 주어진 패턴을 사용하여 문장을 만들어보세요. (영어 문장은 다음 페이지에 있습니다.)

- 감정을 곁들여 큰 소리로 말해보세요.

- 정확한 발음을 확인하고 10번 이상 반복하여 크게 말해보세요.

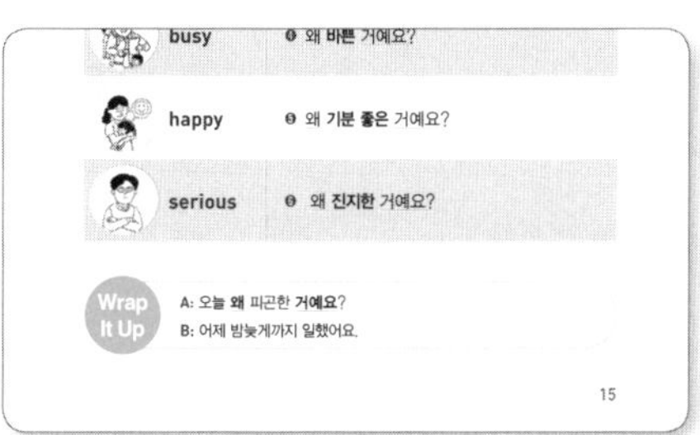

busy ❶ 왜 바쁜 거예요?

happy ❶ 왜 기분 좋은 거예요?

serious ❶ 왜 진지한 거예요?

Wrap It Up
A: 오늘 왜 피곤한 거예요?
B: 어제 밤늦게까지 일했어요.

15

- 자연스러운 대화도 연습해보세요.
  (영어 문장은 다음 페이지에 있습니다.)

Step 4 Exercises

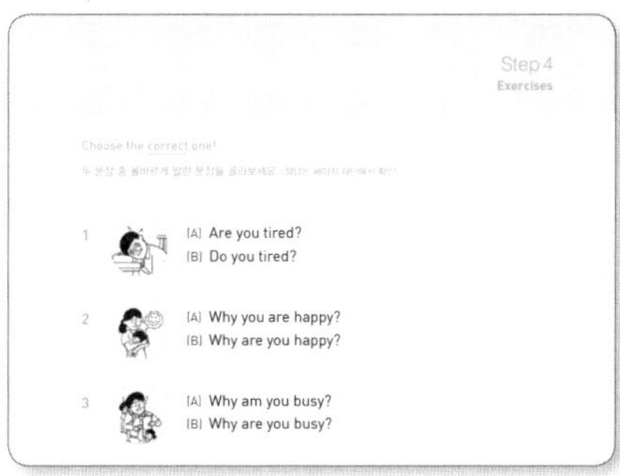

Step 4
Exercises

Choose the correct one!

1 [A] Are you tired?
[B] Do you tired?

2 [A] Why you are happy?
[B] Why are you happy?

3 [A] Why am you busy?
[B] Why are you busy?

- 올바른 문장을 골라보세요
  (정답은 페이지 하단에 있습니다.)

Step 5 Plus 8 Words & Sentences

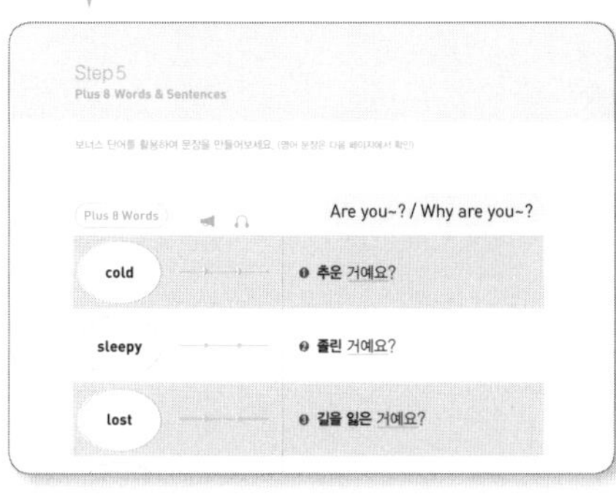

Step 5
Plus 8 Words & Sentences

Plus 8 Words

Are you~? / Why are you~?

cold ❶ 추운 거예요?

sleepy ❷ 졸린 거예요?

lost ❸ 길을 잃은 거예요?

- 보너스 단어와 앞서 배운 패턴을 사용하여
  문장을 만들어보세요.
  (영어 문장은 다음 페이지에 있습니다.)

- 감정을 곁들여 큰 소리로 말해보세요.

- 정확한 발음을 확인하고 10번 이상
  반복하여 크게 말해보세요.

* 유튜브 이근철TV 〈입이 터질 수밖에 없는 영어회화〉 코스의
  쉽고 재미난 회화강의와 함께 이용하면 더욱 효과가 좋습니다.

Contents

UNIT 01 How are you?

그림을 보고 상황을 떠올리며 오른쪽 단어를 크게 말해보세요. (정확한 발음 확인 후 10번 이상 반복)

① 

② 

③ 

④ 

⑤ 

⑥ 

① **hungry**

② **tired**

③ **nervous**

④ **busy**

⑤ **happy**

⑥ **serious**

★단어 및 문장의 정확한 발음은 www.youtube.com/이근철tv에서 확인하세요.

~인 거예요? Are you ~ ?

그림의 단어를 제목의 패턴과 연결하여 문장을 만들어 보세요. (영어 문장은 다음 페이지에서 확인)

hungry	❶ 배고픈 거예요?
tired	❷ 피곤한 거예요?
nervous	❸ 긴장한 거예요?
busy	❹ 바쁜 거예요?
happy	❺ 기분 좋은 거예요?(행복해요?)
serious	❻ 진지한 거예요?(정말이에요?)

Are you ~ ?

~인 거예요?

감정과 제스처를 곁들여 문장을 10번 이상 반복해서 크게 말해보세요.

발음 확인: www.youtube.com/이근철tv

❶ Are you **hungry**?
배고픈 거예요?

❷ Are you **tired**?
피곤한 거예요?

❸ Are you **nervous**?
긴장한 거예요?

❹ Are you **busy**?
바쁜 거예요?

❺ Are you **happy**?
기분 좋은 거예요?(행복해요?)

❻ Are you **serious**?
진지한 거예요?(정말이에요?)

왜 ~인 거예요?

Why are you ~?

이번에는 추가 패턴을 이용해서 문장을 만들어 보세요. (영어 문장은 다음 페이지에서 확인)

hungry	❶ 왜 **배고픈** 거예요?
tired	❷ 왜 **피곤한** 거예요?
nervous	❸ 왜 **긴장한** 거예요?
busy	❹ 왜 **바쁜** 거예요?
happy	❺ 왜 **기분 좋은** 거예요?
serious	❻ 왜 **진지한** 거예요?

Wrap It Up

A: 오늘 **왜** 피곤한 **거예요**?

B: 어제 밤늦게까지 일했어요.

Why are you ~ ?

왜 ~인 거예요?

감정과 제스처를 곁들여 10번 이상 반복해서 크게 말해 보세요.

발음 확인: www.youtube.com/이근철tv

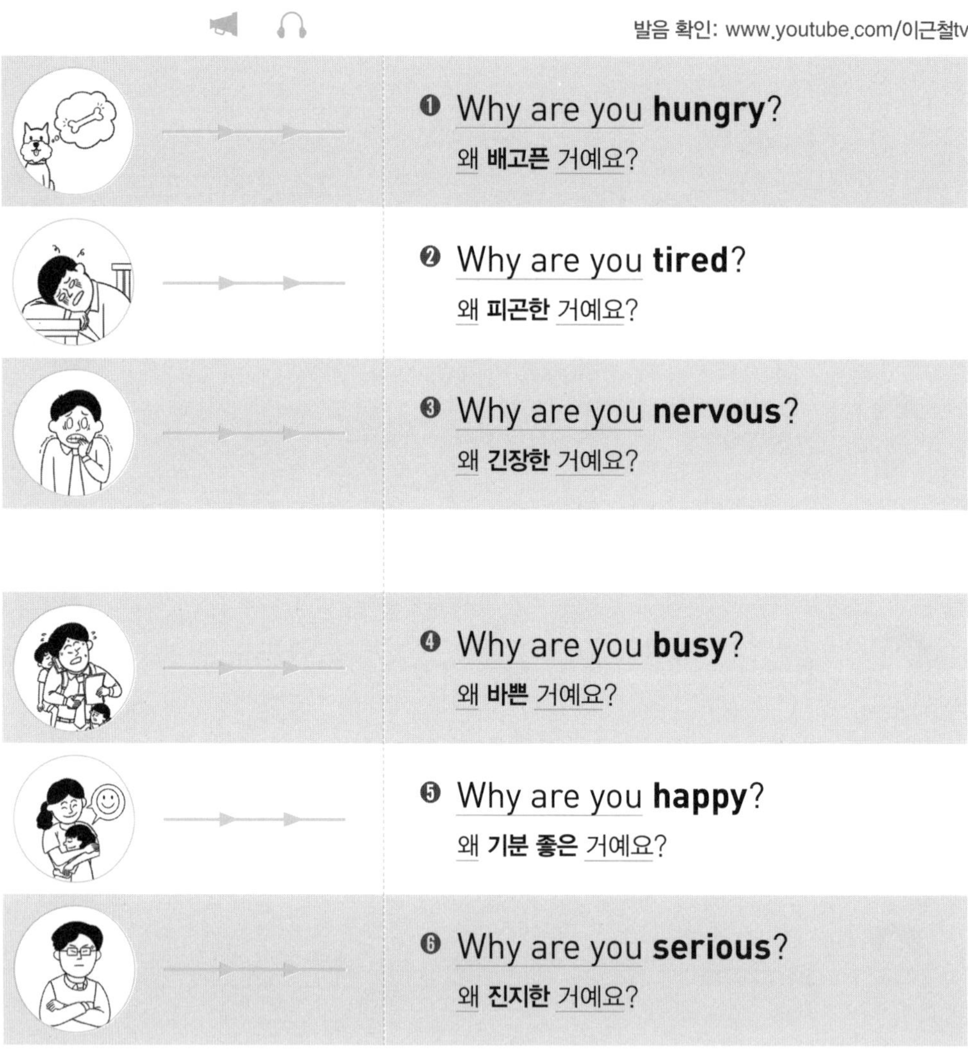

❶ Why are you **hungry**?
왜 **배고픈** 거예요?

❷ Why are you **tired**?
왜 **피곤한** 거예요?

❸ Why are you **nervous**?
왜 **긴장한** 거예요?

❹ Why are you **busy**?
왜 **바쁜** 거예요?

❺ Why are you **happy**?
왜 **기분 좋은** 거예요?

❻ Why are you **serious**?
왜 **진지한** 거예요?

Wrap It Up

A: Why are you tired today? 오늘 **왜** 피곤한 **거예요**?

B: I worked late last night. 어제 밤늦게까지 일했어요.

Choose the correct one!

두 문장 중 올바르게 말한 문장을 골라보세요. (정답은 페이지 하단에서 확인)

1 
(A) Are you tired?
(B) Do you tired?

2 
(A) Why you are happy?
(B) Why are you happy?

3 
(A) Why am you busy?
(B) Why are you busy?

4 
(A) Is you hungry?
(B) Are you hungry?

5 
(A) Are you nervous?
(B) You nervous are?

6 
(A) Why are you serious?
(B) Why you are serious?

Answer

1. (A) 2. (B) 3. (B) 4. (B) 5. (A) 6. (A)

보너스 단어를 활용하여 문장을 만들어보세요. (영어 문장은 다음 페이지에서 확인)

Plus 8 Words

Are you~? / Why are you~?

Plus 8 Words	
cold	❶ 추운 거예요?
sleepy	❷ 졸린 거예요?
lost	❸ 길을 잃은 거예요?
drunk	❹ 술 취한 거예요?
thirsty	❺ 왜 목마른 거예요?
unhappy	❻ 왜 기분이 안 좋은 거예요?
sorry	❼ 왜 미안한 거예요?
interested	❽ 왜 흥미 있어 하는 거예요?

감정과 제스처를 곁들여 10번 이상 반복해서 크게 말해 보세요.

Plus 8 Words

발음 확인: www.youtube.com/이근철tv

추운	❶ Are you **cold**? **추운** 거예요?
졸린	❷ Are you **sleepy**? **졸린** 거예요?
길을 잃은	❸ Are you **lost**? **길을 잃은** 거예요?
술 취한	❹ Are you **drunk**? **술 취한** 거예요?
목마른	❺ Why are you **thirsty**? 왜 **목마른** 거예요?
기분이 안 좋은	❻ Why are you **unhappy**? 왜 **기분이 안 좋은** 거예요?
미안한	❼ Why are you **sorry**? 왜 **미안한** 거예요?
흥미로워하는	❽ Why are you **interested**? 왜 **흥미로워하는** 거예요?

Step 1
Words & Emotions

UNIT 02 How am I?

DAY-02  DAY-03 

그림을 보고 상황을 떠올리며 오른쪽 단어를 크게 말해보세요. (정확한 발음 확인 후 10번 이상 반복)

① late

② lucky

③ sad

④ full

⑤ free

⑥ angry

★단어 및 문장의 정확한 발음은 www.youtube.com/이근철tv에서 확인하세요.

(나는) ~예요 I am ~ / I'm ~

그림의 단어를 제목의 패턴과 연결하여 문장을 만들어 보세요. (영어 문장은 다음 페이지에서 확인)

late	❶ (나는) 늦었어요.
lucky	❷ (나는) 운이 좋아요.
sad	❸ (나는) 슬퍼요.
full	❹ (나는) 배불러요.
free	❺ (나는) 한가해요.
angry	❻ (나는) 화가 나요.

I am ~ / I'm ~

(나는) ~예요

감정과 제스처를 곁들여 문장을 10번 이상 반복해서 크게 말해보세요.

발음 확인: www.youtube.com/이근철tv

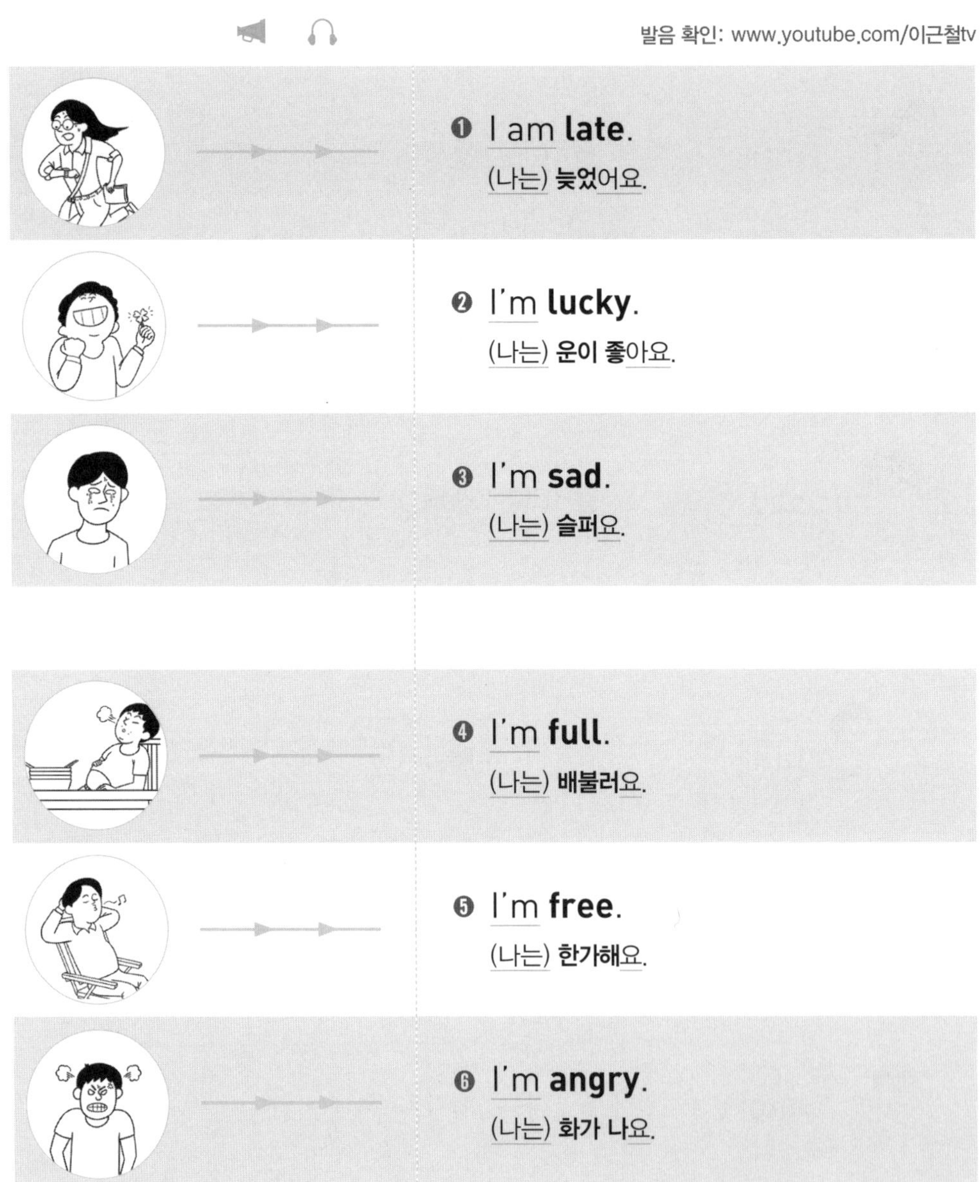

❶ I am **late**.
(나는) **늦었**어요.

❷ I'm **lucky**.
(나는) **운이 좋**아요.

❸ I'm **sad**.
(나는) **슬퍼**요.

❹ I'm **full**.
(나는) **배불러**요.

❺ I'm **free**.
(나는) **한가해**요.

❻ I'm **angry**.
(나는) **화가 나**요.

(나는) ~지 않아요 I'm not ~

이번에는 추가 패턴을 이용해서 문장을 만들어 보세요. (영어 문장은 다음 페이지에서 확인)

late	❶ 오늘은 **늦지** 않았어요.
lucky	❷ 오늘은 **운이 좋지** 않아요.
sad	❸ 오늘은 **슬프지** 않아요.
full	❹ 지금은 **배부르지** 않아요.
free	❺ 지금은 **한가하지** 않아요.
angry	❻ 지금은 **화나지** 않아요.

A: 난 오늘 늦었어.
B: 서둘러.

I'm not ~

(나는) ~지 않아요

감정과 제스처를 곁들여 10번 이상 반복해서 크게 말해 보세요.

발음 확인: www.youtube.com/이근철tv

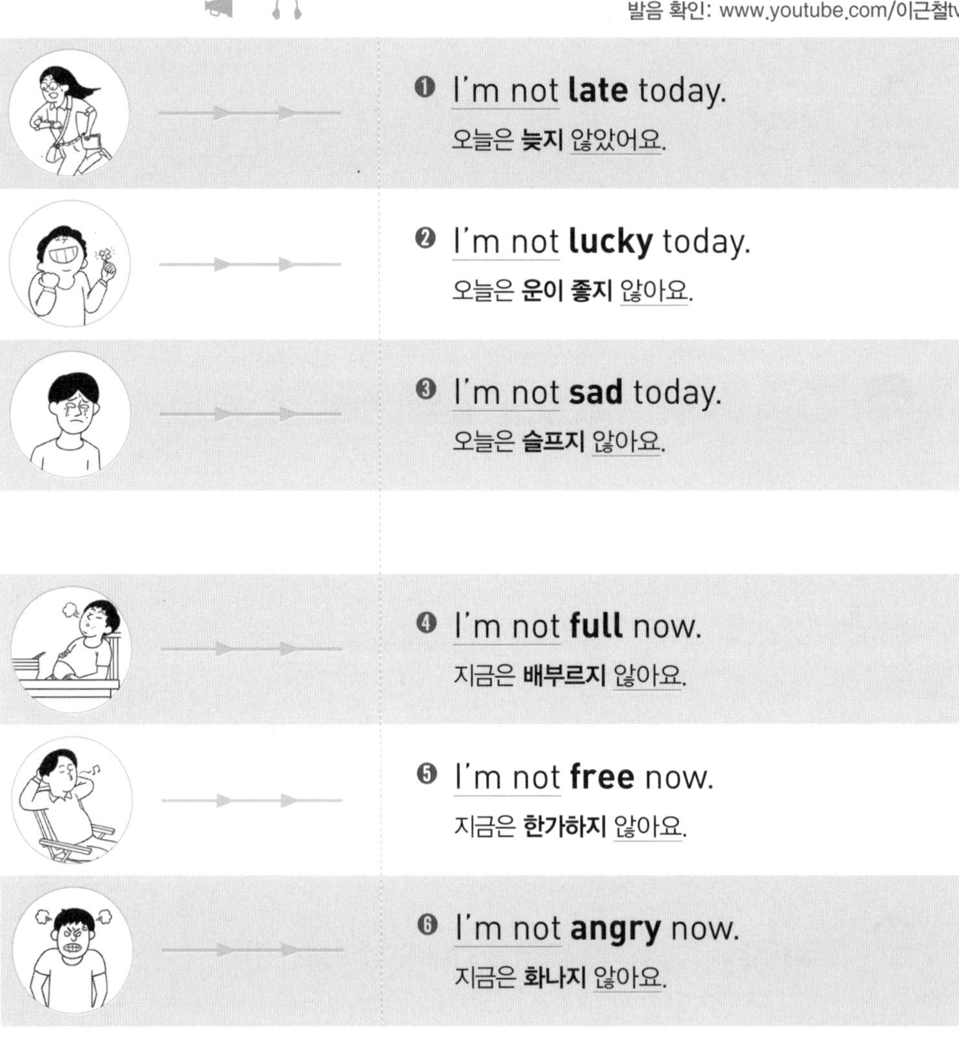

❶ I'm not **late** today.
오늘은 **늦지** 않았어요.

❷ I'm not **lucky** today.
오늘은 **운이 좋지** 않아요.

❸ I'm not **sad** today.
오늘은 **슬프지** 않아요.

❹ I'm not **full** now.
지금은 **배부르지** 않아요.

❺ I'm not **free** now.
지금은 **한가하지** 않아요.

❻ I'm not **angry** now.
지금은 **화나지** 않아요.

Wrap It Up

A: **I'm** late today. 난 오늘 늦었어.
B: Hurry up. 서둘러.

Choose the correct one!

두 문장 중 올바르게 말한 문장을 골라보세요. (정답은 페이지 하단에서 확인)

1 

(A) I'm late.
(B) I do late.

2 

(A) I'm not free today.
(B) I not am free today.

3 

(A) I are not angry now.
(B) I am not angry now.

4 

(A) I am lucky.
(B) I lucky.

5 

(A) I'm sad not today.
(B) I'm not sad today.

6 

(A) I'm full.
(B) I full am.

Answer

1. (A) 2. (A) 3. (B) 4. (A) 5. (B) 6. (A)

보너스 단어를 활용하여 문장을 만들어보세요. (영어 문장은 다음 페이지에서 확인)

Plus 8 Words

I'm ~ / I'm not ~

Plus 8 Words	
glad	❶ (나는) **기뻐**요.
sure	❷ (나는) **확실해**요.
single	❸ (나는) **솔로예**요.
young	❹ (나는) **젊어**요.
lonely	❺ (나는) 지금 **외롭지** 않아요.
scared	❻ (나는) 지금 **두렵지** 않아요.
excited	❼ (나는) 지금 **설레지** 않아요.
okay	❽ (나는) 지금 **괜찮지** 않아요.

감정과 제스처를 곁들여 10번 이상 반복해서 크게 말해 보세요.

Plus 8 Words

발음 확인: www.youtube.com/이근철tv

기쁜	❶ I'm **glad**. (나는) **기뻐**요.
확실한	❷ I'm **sure**. (나는) **확실해**요.
솔로인 (결혼 안 한)	❸ I'm **single**. (나는) **솔로예**요.
젊은, 어린	❹ I'm **young**. (나는) **젊어**요.
외로운	❺ I'm not **lonely** now. (나는) 지금 **외롭지** 않아요.
두려운	❻ I'm not **scared** now. (나는) 지금 **두렵지** 않아요.
설레는	❼ I'm not **excited** now. (나는) 지금 **설레지** 않아요.
괜찮은	❽ I'm not **okay** now. (나는) 지금 **괜찮지** 않아요.

UNIT 03 How Is she?

Step1
Words & Emotions

DAY-04

그림을 보고 상황을 떠올리며 오른쪽 단어를 크게 말해보세요. (정확한 발음 확인 후 10번 이상 반복)

① 

② 

③ 

① 

② 

③ 

④ 

⑤ 

⑥ 

④ **shy**

⑤ **different**

⑥ **interested**

★단어 및 문장의 정확한 발음은 www.youtube.com/이근철tv에서 확인하세요.

그는 ~예요? Is he ~?

그림의 단어를 제목의 패턴과 연결하여 문장을 만들어 보세요. (영어 문장은 다음 페이지에서 확인)

tall	❶ 그는 **키가 커**요?
nice	❷ 그는 **착해**요?
alone	❸ 그는 **혼자**예요?
shy	❹ 그녀는 **부끄럼이 많**아요?
different	❺ 그녀는 **달라**요?
interested	❻ 그녀는 **관심 있어** 해요?

Is he ~?

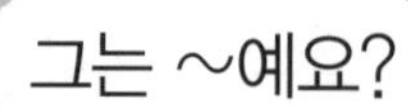

감정과 제스처를 곁들여 문장을 10번 이상 반복해서 크게 말해보세요.

발음 확인: www.youtube.com/이근철tv

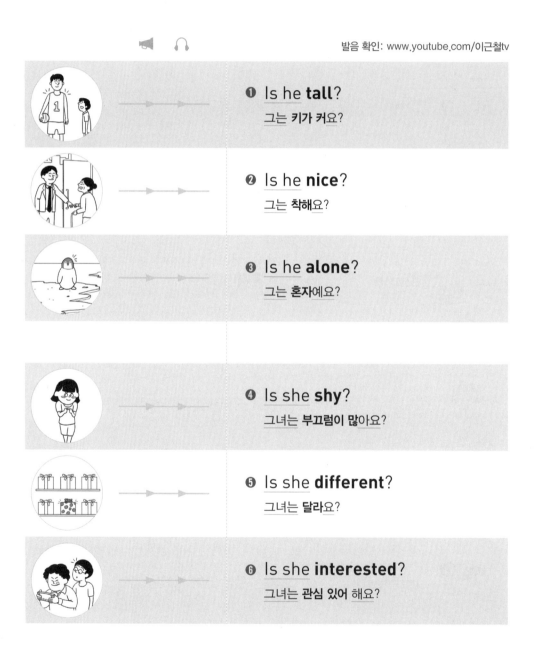

❶ Is he **tall**?
그는 **키가 커**요?

❷ Is he **nice**?
그는 **착해**요?

❸ Is he **alone**?
그는 **혼자**예요?

❹ Is she **shy**?
그녀는 **부끄럼이 많**아요?

❺ Is she **different**?
그녀는 **달라**요?

❻ Is she **interested**?
그녀는 **관심 있어** 해요?

그는 진짜 ~예요? Is he really ~?

이번에는 추가 패턴을 이용해서 문장을 만들어 보세요. (영어 문장은 다음 페이지에서 확인)

tall ❶ 그는 진짜 **키가 커**요?

nice ❷ 그는 진짜 **착해**요?

alone ❸ 그는 진짜 **혼자**예요?

shy ❹ 그녀는 진짜 **부끄럼이 많**아요?

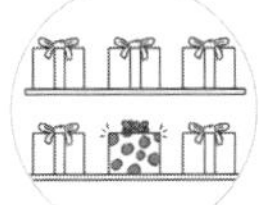
different ❺ 그녀는 진짜 **달라**요?

interested ❻ 그녀는 진짜 **관심 있어** 해요?

Wrap It Up

A: **그는 진짜** 키가 커?
B: 응. 키가 2미터야.

Is he really ~ ?

그는 진짜 ~예요?

감정과 제스처를 곁들여 10번 이상 반복해서 크게 말해 보세요.

발음 확인: www.youtube.com/이근철tv

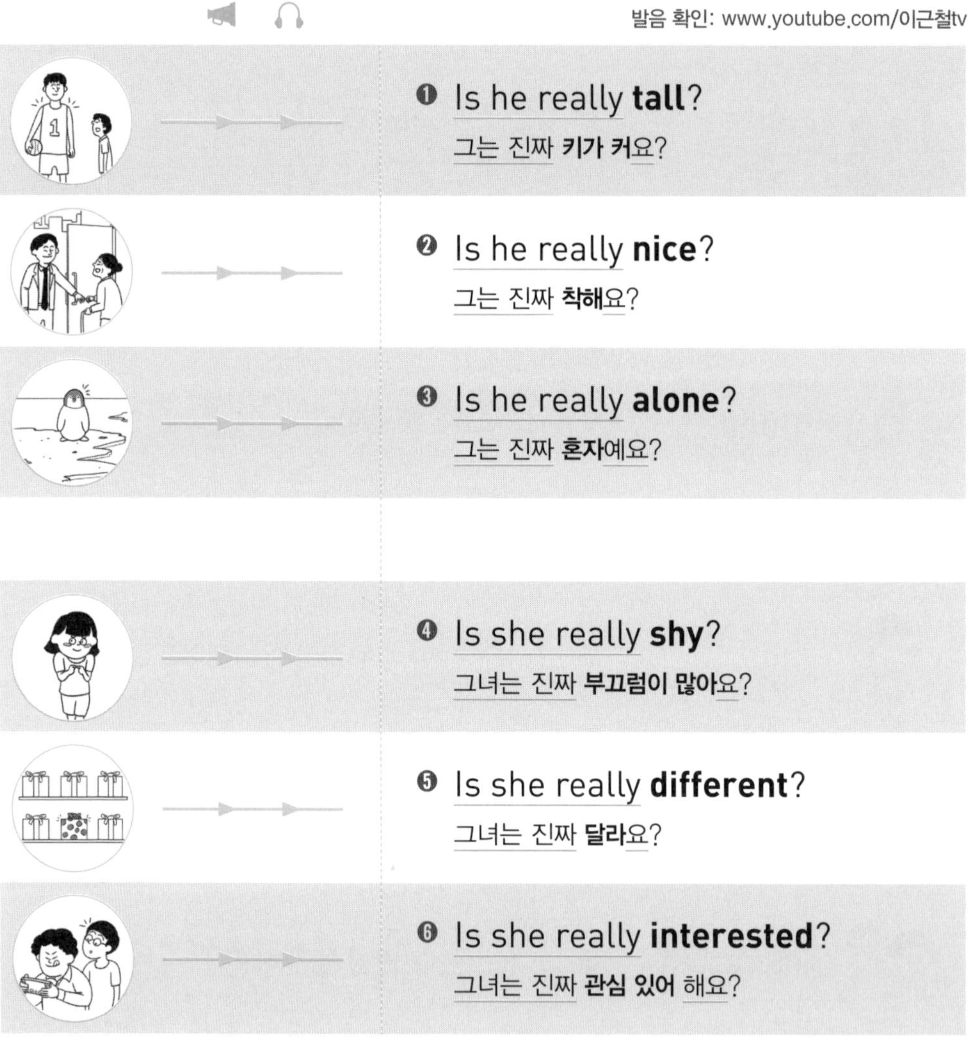

❶ Is he really **tall**?
그는 진짜 **키가 커**요?

❷ Is he really **nice**?
그는 진짜 **착해**요?

❸ Is he really **alone**?
그는 진짜 **혼자**예요?

❹ Is she really **shy**?
그녀는 진짜 **부끄럼이 많아**요?

❺ Is she really **different**?
그녀는 진짜 **달라**요?

❻ Is she really **interested**?
그녀는 진짜 **관심 있어** 해요?

Wrap It Up

A: Is he really tall? **그는 진짜** 키가 커?

B: Yes. He's two meters tall. 응. 키가 2미터야.

Choose the correct one!

두 문장 중 올바르게 말한 문장을 골라보세요. (정답은 페이지 하단에서 확인)

1 
(A) Is he tall?
(B) Does he tall?

2 
(A) Are he nice?
(B) Is he nice?

3 
(A) Is she really shy?
(B) Is really she shy?

4 
(A) He alone?
(B) Is he alone?

5 
(A) Is she different?
(B) She different is?

6 
(A) Is she interested?
(B) She is interested?

Answer

1. (A) 2. (B) 3. (A) 4. (B) 5. (A) 6. (A)

보너스 단어를 활용하여 문장을 만들어보세요. (영어 문장은 다음 페이지에서 확인)

Plus 8 Words

Is she[he] ~ ?

rich	❶ 그녀는 **부유해**요?
sick	❷ 그녀는 **아파**요?
ready	❸ 그녀는 **준비가 되어** 있어요?
new	❹ 그녀는 이곳이 **처음**이에요?
rude	❺ 그는 진짜 **무례해**요?
right	❻ 그는(그의 말이) 진짜 **옳아**요?
proud	❼ 그는 진짜 **자랑스러워해**요?
jealous	❽ 그는 진짜 **질투해**요?

감정과 제스처를 곁들여 10번 이상 반복해서 크게 말해 보세요.

Plus 8 Words

발음 확인: www.youtube.com/이근철tv

부유한	❶ Is she **rich**? 그녀는 **부유해**요?
아픈	❷ Is she **sick**? 그녀는 **아파**요?
준비된	❸ Is she **ready**? 그녀는 **준비가 되어** 있어요?
처음인	❹ Is she **new** here? 그녀는 이곳이 **처음**이에요?
무례한	❺ Is he really **rude**? 그는 진짜 **무례해**요?
옳은, 오른쪽의	❻ Is he really **right**? 그는(그의 말이) 진짜 **옳아**요?
자랑스러운	❼ Is he really **proud**? 그는 진짜 **자랑스러워해**요?
질투하는	❽ Is he really **jealous**? 그는 진짜 **질투해**요?

Step1
Words & Emotions

UNIT 04 Who is she?

DAY-05

그림을 보고 상황을 떠올리며 오른쪽 단어를 크게 말해보세요. (정확한 발음 확인 후 10번 이상 반복)

④ **a lawyer**

⑤ **a singer**

⑥ **a teacher**

★단어 및 문장의 정확한 발음은 www.youtube.com/이근철tv에서 확인하세요.

그녀는 ~예요? Is she a ~ ?

그림의 단어를 제목의 패턴과 연결하여 문장을 만들어 보세요. (영어 문장은 다음 페이지에서 확인)

a doctor	❶ 그녀는 **의사**예요?
a writer	❷ 그녀는 **작가**예요?
a student	❸ 그녀는 **학생**이에요?

a lawyer	❹ 그는 **변호사**예요?
a singer	❺ 그는 **가수**예요?
a teacher	❻ 그는 **교사**예요?

Is she a ~ ?

그녀는 ~예요?

감정과 제스처를 곁들여 문장을 10번 이상 반복해서 크게 말해보세요.

발음 확인: www.youtube.com/이근철tv

❶ Is she a **doctor**?
그녀는 **의사**예요?

❷ Is she a **writer**?
그녀는 **작가**예요?

❸ Is she a **student**?
그녀는 **학생**이에요?

❹ Is he a **lawyer**?
그는 **변호사**예요?

❺ Is he a **singer**?
그는 **가수**예요?

❻ Is he a **teacher**?
그는 **교사**예요?

그녀는 훌륭한[형편없는] ~예요? Is she a good[bad] ~ ?

이번에는 추가 패턴을 이용해서 문장을 만들어 보세요. (영어 문장은 다음 페이지에서 확인)

a doctor ❶ 그녀는 훌륭한 **의사**예요?

a writer ❷ 그녀는 훌륭한 **작가**예요?

a student ❸ 그녀는 훌륭한 **학생**이에요?

a lawyer ❹ 그는 형편없는 **변호사**예요?

a singer ❺ 그는 형편없는 **가수**예요?

a teacher ❻ 그는 형편없는 **교사**예요?

A: **그녀는 훌륭한** 가수**야**?

B: 응. 천사가 노래하는 것 같아.

Is she a good[bad]~ ? 그녀는 훌륭한[형편없는] ~예요?

감정과 제스처를 곁들여 10번 이상 반복해서 크게 말해 보세요.

발음 확인: www.youtube.com/이근철tv

❶ Is she a good **doctor**?
그녀는 훌륭한 **의사**예요?

❷ Is she a good **writer**?
그녀는 훌륭한 **작가**예요?

❸ Is she a good **student**?
그녀는 훌륭한 **학생**이에요?

❹ Is he a bad **lawyer**?
그는 형편없는 **변호사**예요?

❺ Is he a bad **singer**?
그는 형편없는 **가수**예요?

❻ Is he a bad **teacher**?
그는 형편없는 **교사**예요?

Wrap It Up

A: **Is she a good** singer? **그녀는 훌륭한** 가수**야**?

B: Yes. She sings like an angel. 응. 천사가 노래하는 것 같아.

Choose the correct one!

두 문장 중 올바르게 말한 문장을 골라보세요. (정답은 페이지 하단에서 확인)

1 
(A) Is she a doctor?
(B) Is a she doctor?

2 
(A) Is she a good writer?
(B) Are she a good writer?

3 
(A) Is he bad a singer?
(B) Is he a bad singer?

4 
(A) Is he a good teacher?
(B) He good teacher?

5 
(A) He a bad lawyer is?
(B) Is he a bad lawyer?

6 
(A) She a bad student is?
(B) Is she a bad student?

Answer

1. (A) 2. (A) 3. (B) 4. (A) 5. (B) 6. (B)

보너스 단어를 활용하여 문장을 만들어보세요. (영어 문장은 다음 페이지에서 확인)

Plus 8 Words

Is he[she] a ~ ?

Plus 8 Words	
fool	❶ 그는 **바보**예요?
genius	❷ 그는 **천재**예요?
firefighter	❸ 그는 **소방관**이에요?
chef	❹ 그녀는 훌륭한 **주방장**이에요?
guide	❺ 그녀는 훌륭한 **가이드**예요?
designer	❻ 그녀는 훌륭한 **디자이너**예요?
driver	❼ 그는 형편없는 **운전자**예요?
Youtuber	❽ 그는 형편없는 **유튜버**예요?

감정과 제스처를 곁들여 10번 이상 반복해서 크게 말해 보세요.

Plus 8 Words

발음 확인: www.youtube.com/이근철tv

바보	❶ Is he a **fool**? 그는 **바보**예요?
천재	❷ Is he a **genius**? 그는 **천재**예요?
소방관	❸ Is he a **firefighter**? 그는 **소방관**이에요?
주방장	❹ Is she a good **chef**? 그녀는 훌륭한 **주방장**이에요?
가이드	❺ Is she a good **guide**? 그녀는 훌륭한 **가이드**예요?
디자이너	❻ Is she a good **designer**? 그녀는 훌륭한 **디자이너**예요?
운전자	❼ Is he a bad **driver**? 그는 형편없는 **운전자**예요?(운전 잘 못해요?)
유튜버	❽ Is he a bad **Youtuber**? 그는 형편없는 **유튜버**예요?

UNIT 05 How is it?

DAY-06

그림을 보고 상황을 떠올리며 오른쪽 단어를 크게 말해보세요. (정확한 발음 확인 후 10번 이상 반복)

① 

② 

③ 

④ 

⑤ 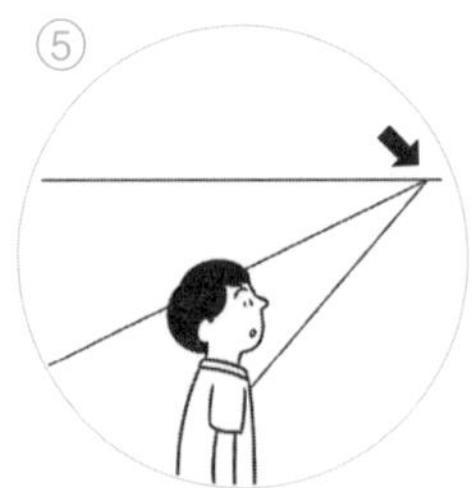

⑥ 

① **free**

② **safe**

③ **true**

④ **sweet**

⑤ **far**

⑥ **loud**

★단어 및 문장의 정확한 발음은 www.youtube.com/이근철tv에서 확인하세요.

(그건) ~예요?　Is it ~ ?

그림의 단어를 제목의 패턴과 연결하여 문장을 만들어 보세요. (영어 문장은 다음 페이지에서 확인)

free	❶ (그건) **무료**예요?
safe	❷ (그건) **안전해**요?
true	❸ (그건) **사실**이에요?
sweet	❹ (그건) **달콤해**요?
far	❺ (그건/그곳은) **멀어**요?
loud	❻ (그건) **시끄러워**요?

Is it ~ ?

(그건) ~예요?

감정과 제스처를 곁들여 문장을 10번 이상 반복해서 크게 말해보세요.

발음 확인: www.youtube.com/이근철tv

❶ Is it **free**?
(그건) **무료**예요?

❷ Is it **safe**?
(그건) **안전해**요?

❸ Is it **true**?
(그건) **사실**이에요?

❹ Is it **sweet**?
(그건) **달콤해**요?

❺ Is it **far**?
(그건/그곳은) **멀어**요?

❻ Is it **loud**?
(그건) **시끄러워**요?

(그건) 진짜[너무] ~예요? Is it really[too]~ ?

이번에는 추가 패턴을 이용해서 문장을 만들어 보세요. (영어 문장은 다음 페이지에서 확인)

free	❶ (그건) 진짜 **무료**예요?
safe	❷ (그건) 진짜 **안전해**요?
true	❸ (그건) 진짜 **사실**이에요?
sweet	❹ (그건) 너무 **달콤해**요?
far	❺ (그건/그곳은) 너무 **멀어**요?
loud	❻ (그건) 너무 **시끄러워**요?

Wrap It Up

A: 이 책은 **진짜** 무료**예요**?

B: 네. 하나 가져가세요.

Is it really[too]~ ?

(그건) 진짜[너무] ~예요?

감정과 제스처를 곁들여 10번 이상 반복해서 크게 말해 보세요.

발음 확인: www.youtube.com/이근철tv

❶ Is it really **free**?
(그건) 진짜 **무료**예요?

❷ Is it really **safe**?
(그건) 진짜 **안전해**요?

❸ Is it really **true**?
(그건) 진짜 **사실**이에요?

❹ Is it too **sweet**?
(그건) 너무 **달콤해**요?

❺ Is it too **far**?
(그건/그곳은) 너무 **멀어**요?

❻ Is it too **loud**?
(그건) 너무 **시끄러워**요?

Wrap It Up

A: **Is** this book **really** free? 이 책은 **진짜** 무료**예요**?

B: Yes. Take one. 네. 하나 가져가세요.

Choose the correct one!

두 문장 중 올바르게 말한 문장을 골라보세요. (정답은 페이지 하단에서 확인)

1 

(A) Is it true?
(B) Does it true?

2 

(A) Is it really free?
(B) Is really it free?

3 

(A) Is too it sweet?
(B) Is it too sweet?

4 

(A) Is it really safe?
(B) It really safe?

5 

(A) Is it too far?
(B) It too far?

6 

(A) It loud is?
(B) Is it loud?

Answer

1. (A) 2. (A) 3. (B) 4. (A) 5. (A) 6. (B)

보너스 단어를 활용하여 문장을 만들어보세요. (영어 문장은 다음 페이지에서 확인)

Plus 8 Words

Is it ~ ?

good	❶ (그건) **좋은**가요?
wrong	❷ (그건) **틀렸**나요?
rainy	❸ **비가 내리**나요?
enough	❹ (그건) **충분한**가요?
dark	❺ (그건) 너무 **어두운**가요?
clean	❻ (그건) 너무 **깨끗한**가요?
hard	❼ (그건) 진짜 **어려운**가요?
popular	❽ (그건) 진짜 **인기가 있**나요?

감정과 제스처를 곁들여 10번 이상 반복해서 크게 말해 보세요.

Plus 8 Words

발음 확인: www.youtube.com/이근철tv

좋은	❶ Is it **good**? (그건) **좋은**가요?
틀린	❷ Is it **wrong**? (그건) **틀렸**나요?
비 내리는	❸ Is it **rainy**? **비가 내리**나요?
충분한	❹ Is it **enough**? (그건) **충분한**가요?
어두운	❺ Is it too **dark**? (그건) 너무 **어두운**가요?
깨끗한	❻ Is it too **clean**? (그건) 너무 **깨끗한**가요?
어려운	❼ Is it really **hard**? (그건) 진짜 **어려운**가요?
인기 있는	❽ Is it really **popular**? (그건) 진짜 **인기가 있**나요?

UNIT 06 How is he?

DAY-07

그림을 보고 상황을 떠올리며 오른쪽 단어를 크게 말해보세요. (정확한 발음 확인 후 10번 이상 반복)

① 

① **rich**

② 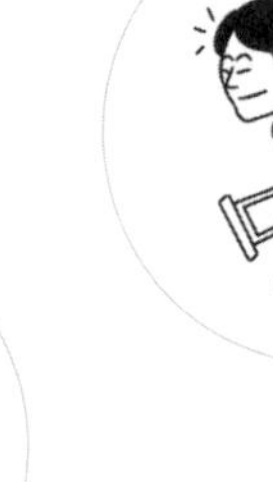

② **kind**

③ 

③ **mean**

④ 

④ **pretty**

⑤ 

⑤ **big**

⑥ 

⑥ **strange**

★단어 및 문장의 정확한 발음은 www.youtube.com/이근철tv에서 확인하세요.

그는 ~예요 He is ~

그림의 단어를 제목의 패턴과 연결하여 문장을 만들어 보세요. (영어 문장은 다음 페이지에서 확인)

rich	❶ 그는 **부유해**요.
kind	❷ 그는 **친절해**요.
mean	❸ 그는 **야비해**요.
pretty	❹ 그녀는 **예뻐**요.
big	❺ 그녀는 (몸집이) **커**요.
strange	❻ 그는 **이상해**요.

He is ~

감정과 제스처를 곁들여 문장을 10번 이상 반복해서 크게 말해보세요.

발음 확인: www.youtube.com/이근철tv

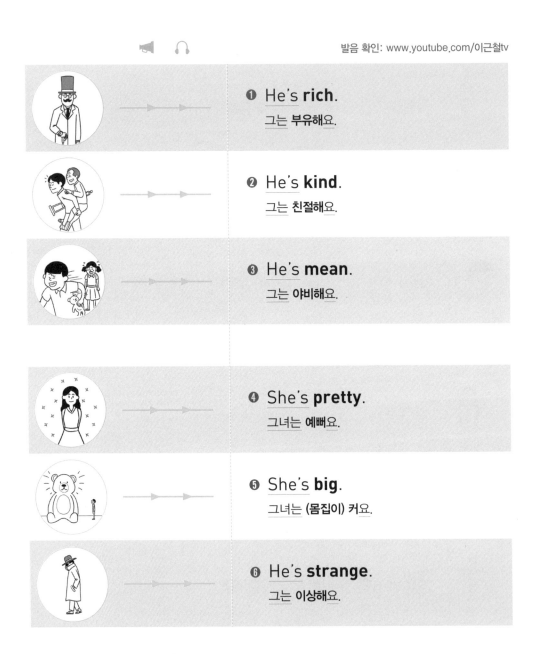

❶ He's **rich**.
그는 **부유해**요.

❷ He's **kind**.
그는 **친절해**요.

❸ He's **mean**.
그는 **야비해**요.

❹ She's **pretty**.
그녀는 **예뻐**요.

❺ She's **big**.
그녀는 **(몸집이) 커**요.

❻ He's **strange**.
그는 **이상해**요.

그는 ~지 않아요 He is not ~

이번에는 추가 패턴을 이용해서 문장을 만들어 보세요. (영어 문장은 다음 페이지에서 확인)

rich ❶ 그는 **부유하지** 않아요.

kind ❷ 그는 **친절하지** 않아요.

mean ❸ 그는 **심술궂지** 않아요.

pretty ❹ 그녀는 **예쁘지** 않아요.

big ❺ 그녀는 (몸집이) **크지** 않아요.

strange ❻ 그는 **이상하지** 않아요.

Wrap It Up

A: **그는** 친절하**지 않아**.

B: 맞아. **그는** 심술궂지.

He is not ~

그는 ~지 않아요

감정과 제스처를 곁들여 10번 이상 반복해서 크게 말해 보세요.

발음 확인: www.youtube.com/이근철tv

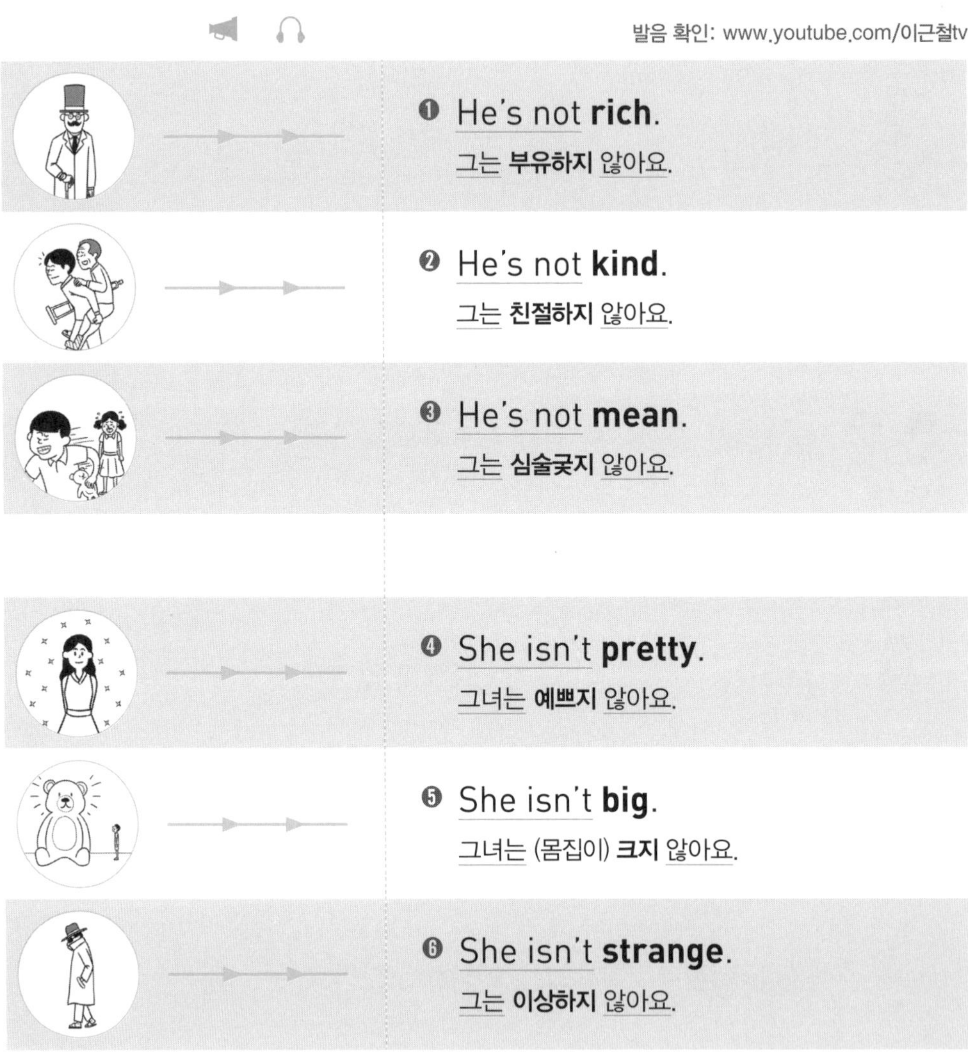

❶ He's not **rich**.
그는 **부유하지** 않아요.

❷ He's not **kind**.
그는 **친절하지** 않아요.

❸ He's not **mean**.
그는 **심술궂지** 않아요.

❹ She isn't **pretty**.
그녀는 **예쁘지** 않아요.

❺ She isn't **big**.
그녀는 (몸집이) **크지** 않아요.

❻ She isn't **strange**.
그는 **이상하지** 않아요.

Wrap It Up

A: **He's not** kind. **그는** 친절하**지 않아**.

B: Yes. **He's** mean. 맞아. **그는** 심술궂지.

Choose the correct one!

두 문장 중 올바르게 말한 문장을 골라보세요. (정답은 페이지 하단에서 확인)

1 
(A) He is rich.
(B) He am rich.

2 
(A) He's not kind.
(B) He not is kind.

3 
(A) He's isn't mean.
(B) He isn't mean.

4 
(A) She's pretty.
(B) She pretty.

5 
(A) She isn't big.
(B) She not big.

6 
(A) He's strange.
(B) He's is strange.

Answer

1. (A) 2. (A) 3. (B) 4. (A) 5. (A) 6. (A)

보너스 단어를 활용하여 문장을 만들어보세요. (영어 문장은 다음 페이지에서 확인)

Plus 8 Words

She's (not) ~

weak	❶ 그녀는 **약해**요.
perfect	❷ 그녀는 **완벽해**요.
quiet	❸ 그녀는 **조용해**요(말이 없어요).
sure	❹ 그녀는 **확신이** 없어요.
fine	❺ 그녀는 **괜찮지** 않아요.
ready	❻ 그는 **준비되어 있지** 않아요.
young	❼ 그는 **젊지** 않아요.
tough	❽ 그는 **거칠지** 않아요.

감정과 제스처를 곁들여 10번 이상 반복해서 크게 말해 보세요.

Plus 8 Words

발음 확인: www.youtube.com/이근철tv

❶ She's **weak**.
그녀는 **약해**요.

❷ She's **perfect**.
그녀는 **완벽해**요.

❸ She's **quiet**.
그녀는 **조용해**요(말이 없어요).

❹ She's not **sure**.
그녀는 **확신이** 없어요.

❺ She's not **fine**.
그녀는 **괜찮지** 않아요.

❻ He's not **ready**
그는 **준비되어 있지** 않아요.

❼ He's not **young**.
그는 **젊지** 않아요.

❽ He's not **tough**.
그는 **거칠지** 않아요.

Step 1
Words & Emotions

UNIT 07 Who is he?

DAY-08

그림을 보고 상황을 떠올리며 오른쪽 단어를 크게 말해보세요. (정확한 발음 확인 후 10번 이상 반복)

① 

② 

③ 

① 

② 

③ 

④ 

⑤ 

⑥ 

④ **a nurse**

⑤ **a model**

⑥ **a designer**

★단어 및 문장의 정확한 발음은 www.youtube.com/이근철tv에서 확인하세요.

그는 ~예요　　He is a ~

그림의 단어를 제목의 패턴과 연결하여 문장을 만들어 보세요. (영어 문장은 다음 페이지에서 확인)

a fool	❶ 그는 **바보**예요.
a genius	❷ 그는 **천재**예요.
a soldier	❸ 그는 **군인**이에요.

a nurse	❹ 그녀는 **간호사**예요.
a model	❺ 그녀는 **모델**이에요.
a designer	❻ 그녀는 **디자이너**예요.

He is a ~

감정과 제스처를 곁들여 문장을 10번 이상 반복해서 크게 말해보세요.

발음 확인: www.youtube.com/이근철tv

❶ He's a **fool**.
그는 **바보**예요.

❷ He's a **genius**.
그는 **천재**예요.

❸ He's a **soldier**.
그는 **군인**이에요.

❹ She's a **nurse**.
그녀는 **간호사**예요.

❺ She's a **model**.
그녀는 **모델**이에요.

❻ She's a **designer**.
그녀는 **디자이너**예요.

그는 ~가 아니에요 He is not a ~

이번에는 추가 패턴을 이용해서 문장을 만들어 보세요. (영어 문장은 다음 페이지에서 확인)

a fool ❶ 그는 더 이상 **바보**가 아니에요.

a genius ❷ 그는 더 이상 **천재**가 아니에요.

a soldier ❸ 그는 더 이상 **군인**이 아니에요.

a nurse ❹ 그녀는 더 이상 **간호사**가 아니에요.

a model ❺ 그녀는 더 이상 **모델**이 아니에요.

a designer ❻ 그녀는 더 이상 **디자이너**가 아니에요.

Wrap It Up

A: **그는** 바보가 **아니야**.

B: 그가 (바보) 아닌 거 나도 알아.

He is not a ~

그는 ~가 아니에요

감정과 제스처를 곁들여 10번 이상 반복해서 크게 말해 보세요.

발음 확인: www.youtube.com/이근철tv

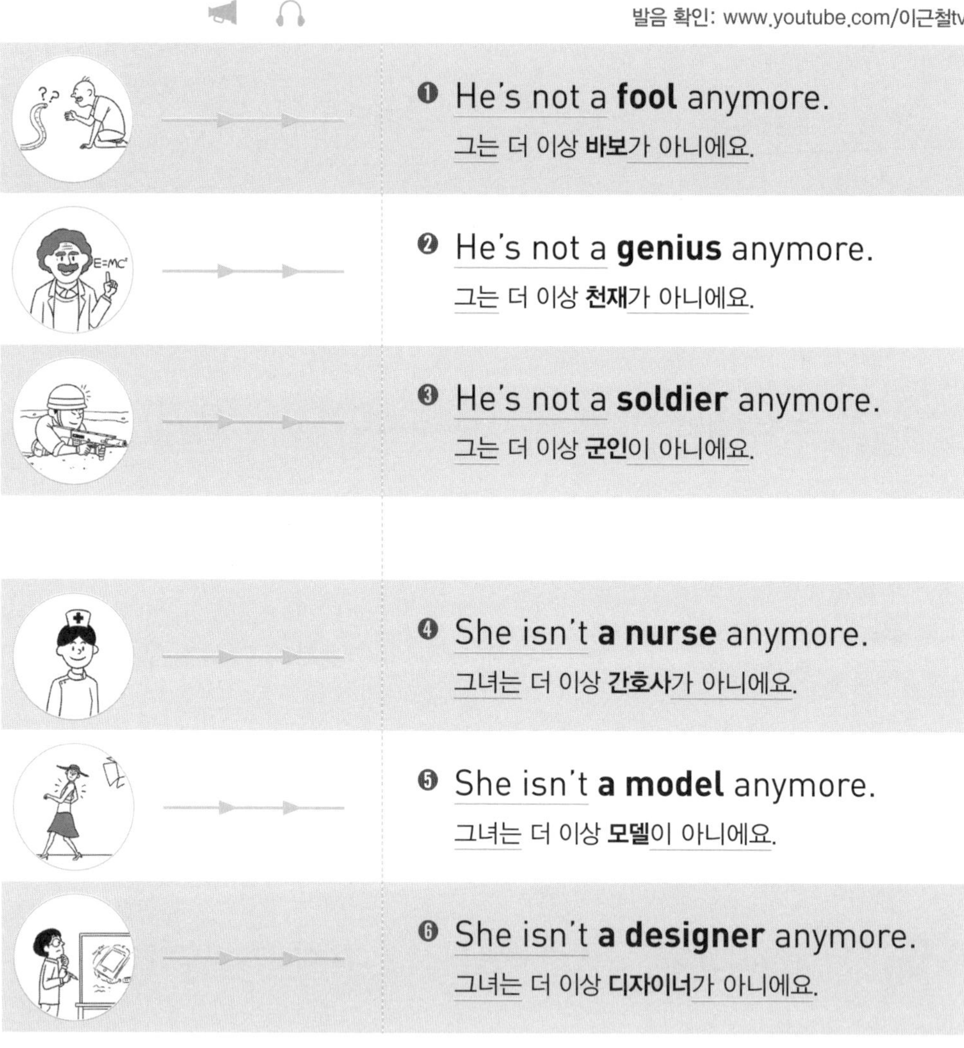

❶ He's not a **fool** anymore.
그는 더 이상 **바보**가 아니에요.

❷ He's not a **genius** anymore.
그는 더 이상 **천재**가 아니에요.

❸ He's not a **soldier** anymore.
그는 더 이상 **군인**이 아니에요.

❹ She isn't **a nurse** anymore.
그녀는 더 이상 **간호사**가 아니에요.

❺ She isn't **a model** anymore.
그녀는 더 이상 **모델**이 아니에요.

❻ She isn't **a designer** anymore.
그녀는 더 이상 **디자이너**가 아니에요.

Wrap It Up

A: **He's not a** fool. **그는** 바보가 **아니야**.

B: I know he isn't. 그가 (바보) 아닌 거 나도 알아.

Choose the correct one!

두 문장 중 올바르게 말한 문장을 골라보세요. (정답은 페이지 하단에서 확인)

1 
(A) He is a soldier.
(B) He a is soldier.

2 

(A) He's a not fool anymore.
(B) He's not a fool anymore.

3 
(A) She is isn't a model anymore.
(B) She isn't a model anymore.

4 

(A) He's a genius.
(B) He genius.

5 
(A) She's a nurse.
(B) She nurse is.

6 
(A) She does a designer.
(B) She's a designer.

Answer

1. (A) 2. (B) 3. (B) 4. (B) 5. (A) 6. (B)

Step 5
Plus 8 Words & Sentences

보너스 단어를 활용하여 문장을 만들어보세요. (영어 문장은 다음 페이지에서 확인)

Plus 8 Words

She's (not) ~

dancer	❶ 그녀는 **춤꾼**이에요.
talker	❷ 그녀는 **수다쟁이**예요.
driver	❸ 그녀는 **운전사**예요.
clerk	❹ 그녀는 **점원**이에요.
liar	❺ 그는 **거짓말쟁이**가 아니에요.
guard	❻ 그는 **경호원**이 아니에요.
pilot	❼ 그는 더 이상 **조종사**가 아니에요.
king	❽ 그는 더 이상 **왕**이 아니에요.

감정과 제스처를 곁들여 10번 이상 반복해서 크게 말해 보세요.

Plus 8 Words

발음 확인: www.youtube.com/이근철tv

춤꾼	❶ She's a **dancer**. 그녀는 **춤꾼**이에요.
수다쟁이	❷ She's a **talker**. 그녀는 **수다쟁이**예요.
운전사	❸ She's a **driver**. 그녀는 **운전사**예요.
점원	❹ She's a **clerk**. 그녀는 **점원**이에요.
거짓말쟁이	❺ He's not a **liar**. 그는 **거짓말쟁이**가 아니에요.
경호원	❻ He's not a **guard**. 그는 **경호원**이 아니에요.
조종사	❼ He's not a **pilot** anymore. 그는 더 이상 **조종사**가 아니에요.
왕	❽ He's not a **king** anymore. 그는 더 이상 **왕**이 아니에요.

UNIT 08 How is this?

UNIT-08

그림을 보고 상황을 떠올리며 오른쪽 단어를 크게 말해보세요. (정확한 발음 확인 후 10번 이상 반복)

① **soft**

② **small**

③ **dirty**

④ **salty**

⑤ **hot**

⑥ **dark**

★단어 및 문장의 정확한 발음은 www.youtube.com/이근철tv에서 확인하세요.

이 ~은[는] ~해요 This ~ is ~

그림의 단어를 제목의 패턴과 연결하여 문장을 만들어 보세요. (영어 문장은 다음 페이지에서 확인)

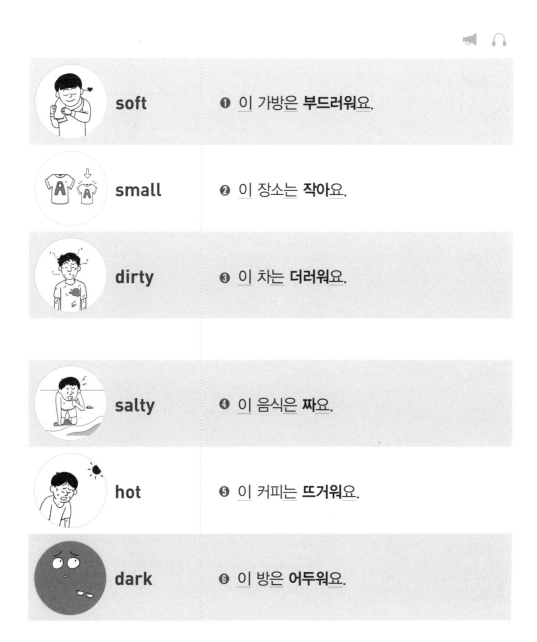

soft	❶ 이 가방은 **부드러워**요.
small	❷ 이 장소는 **작아**요.
dirty	❸ 이 차는 **더러워**요.
salty	❹ 이 음식은 **짜**요.
hot	❺ 이 커피는 **뜨거워**요.
dark	❻ 이 방은 **어두워**요.

This ~ is ~

이 ~은[는] ~해요

감정과 제스처를 곁들여 문장을 10번 이상 반복해서 크게 말해보세요.

발음 확인: www.youtube.com/이근철tv

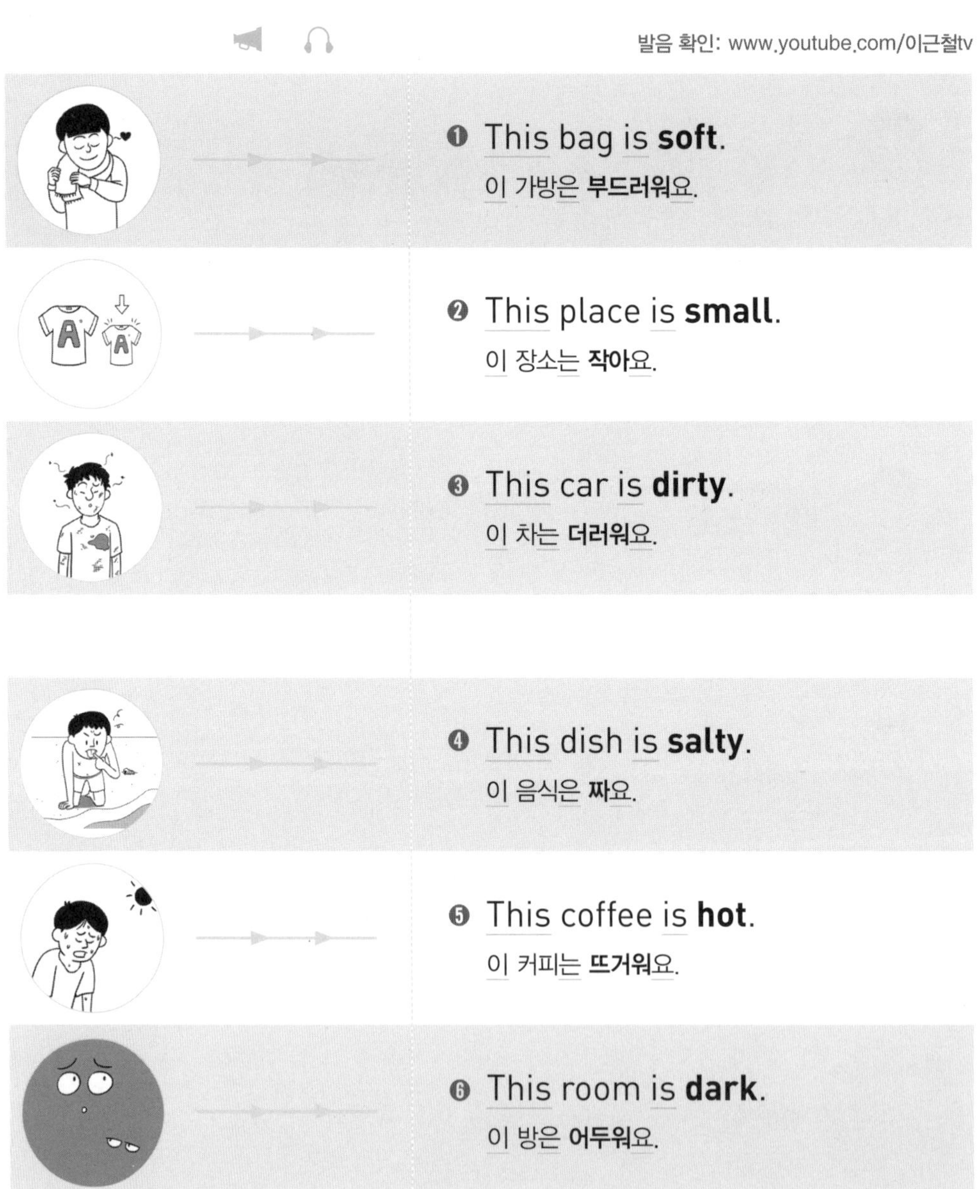

❶ This bag is **soft**.
이 가방은 **부드러워**요.

❷ This place is **small**.
이 장소는 **작아**요.

❸ This car is **dirty**.
이 차는 **더러워**요.

❹ This dish is **salty**.
이 음식은 **짜**요.

❺ This coffee is **hot**.
이 커피는 **뜨거워**요.

❻ This room is **dark**.
이 방은 **어두워**요.

이 ~은[는] 너무 ~해요 This ~ is too ~

이번에는 추가 패턴을 이용해서 문장을 만들어 보세요. (영어 문장은 다음 페이지에서 확인)

soft	❶ 이 가방은 너무 **부드러워**요.
small	❷ 이 장소는 너무 **작아**요.
dirty	❸ 이 차는 너무 **더러워**요.
salty	❹ 이 음식은 너무 **짜**요.
hot	❺ 이 커피는 너무 **뜨거워**요.
dark	❻ 이 방은 너무 **어두워**요.

Wrap It Up

A: **이 커피, 너무** 뜨겁네.
B: 찬물을 부어.

This ~ is too ~

이 ~은[는] 너무 ~해요

감정과 제스처를 곁들여 10번 이상 반복해서 크게 말해 보세요.

발음 확인: www.youtube.com/이근철tv

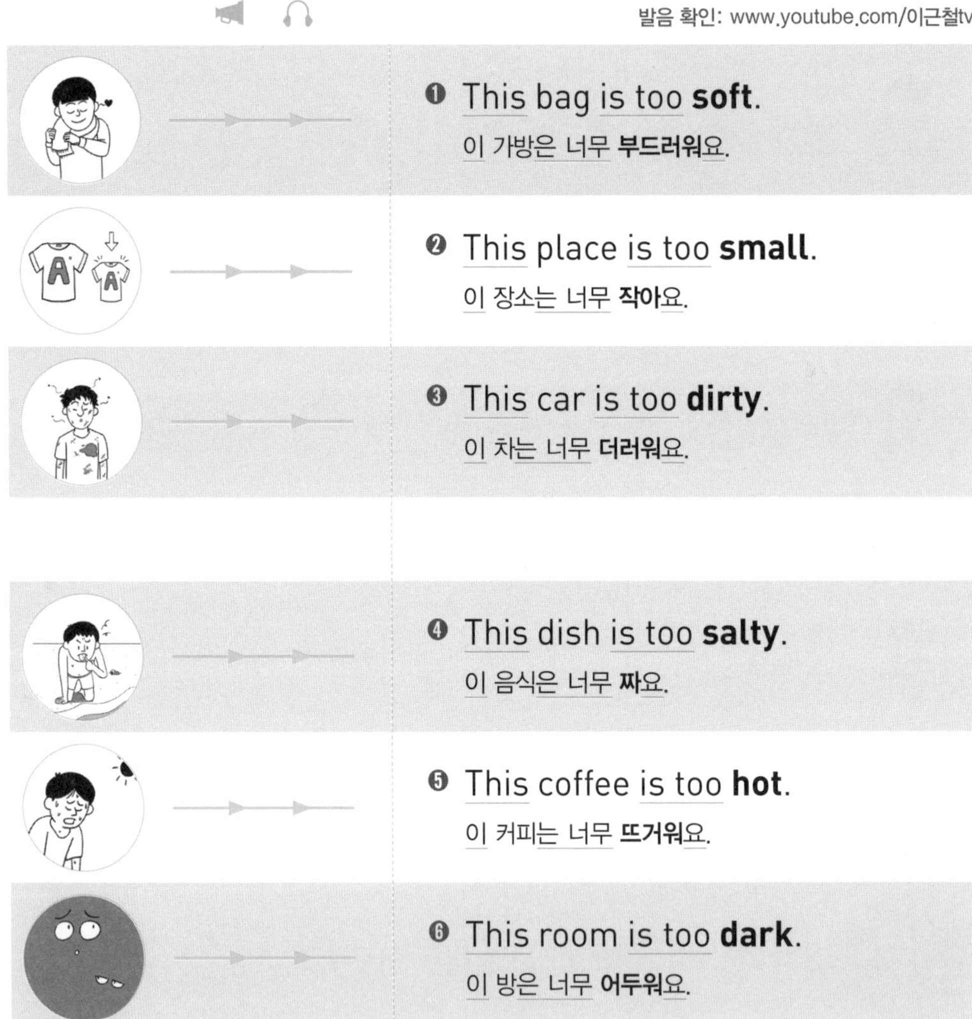

❶ This bag is too **soft**.
이 가방은 너무 **부드러워**요.

❷ This place is too **small**.
이 장소는 너무 **작아**요.

❸ This car is too **dirty**.
이 차는 너무 **더러워**요.

❹ This dish is too **salty**.
이 음식은 너무 **짜**요.

❺ This coffee is too **hot**.
이 커피는 너무 **뜨거워**요.

❻ This room is too **dark**.
이 방은 너무 **어두워**요.

Wrap It Up

A: This coffee is too hot. **이 커피, 너무** 뜨겁네.

B: Add cold water. 찬물을 부어.

Choose the correct one!

두 문장 중 올바르게 말한 문장을 골라보세요. (정답은 페이지 하단에서 확인)

1 
(A) This car is dirty.
(B) This car dirty is.

2 
(A) This coffee is too hot.
(B) This is coffee too hot.

3 
(A) This room is to dark.
(B) This room is too dark.

4 
(A) This bag is soft.
(B) This bag soft is.

5 

(A) This place too small.
(B) This place is too small.

6 
(A) This dish is salty.
(B) This dish does salty.

Answer

1. (A) 2. (A) 3. (B) 4. (A) 5. (B) 6. (A)

보너스 단어를 활용하여 문장을 만들어보세요. (영어 문장은 다음 페이지에서 확인)

Plus 8 Words

The[This] ~ is ~

Plus 8 Words	
big	❶ 그 나무는 **커**요.
slow	❷ 그 배는 **느려**요.
fast	❸ 그 기차는 **빨라**요.
quiet	❹ 그 교회는 **조용해**요.
heavy	❺ 이 상자는 너무 **무거워**요.
noisy	❻ 이 바는 너무 **시끄러워**요.
easy	❼ 이 테스트는 너무 **쉬워**요.
difficult	❽ 이 시험은 너무 **어려워**요.

감정과 제스처를 곁들여 10번 이상 반복해서 크게 말해 보세요.

Plus 8 Words

발음 확인: www.youtube.com/이근철tv

큰	❶ The tree is **big**. 그 나무는 **커**요.
느린	❷ The boat is **slow**. 그 배는 **느려**요.
빠른	❸ The train is **fast**. 그 기차는 **빨라**요.
조용한	❹ The church is **quiet**. 그 교회는 **조용해**요.
무거운	❺ This box is too **heavy**. 이 상자는 너무 **무거워**요.
시끄러운	❻ This bar is too **noisy**. 이 바는 너무 **시끄러워**요.
쉬운	❼ This test is too **easy**. 이 테스트는 너무 **쉬워**요.
어려운	❽ This exam is too **difficult**. 이 시험은 너무 **어려워**요.

Step1
Words & Emotions

UNIT 09 What is it?

DAY-09

그림을 보고 상황을 떠올리며 오른쪽 단어를 크게 말해보세요. (정확한 발음 확인 후 10번 이상 반복)

①

②

① **joke**

② **plan**

③

③ **habit**

④

④ **secret**

⑤

⑤ **mistake**

⑥

⑥ **problem**

★단어 및 문장의 정확한 발음은 www.youtube.com/이근철tv에서 확인하세요.

(그건) ~예요 It is a ~

그림의 단어를 제목의 패턴과 연결하여 문장을 만들어 보세요. (영어 문장은 다음 페이지에서 확인)

joke	❶ (그건) **농담**이에요.
plan	❷ (그럴) **계획**이에요.
habit	❸ (그건) **습관**이에요.
secret	❹ (그건) **비밀**이에요.
mistake	❺ (그건) **실수**예요.
problem	❻ (그게) **문제**예요.

It is a ~

(그건) ~예요

감정과 제스처를 곁들여 문장을 10번 이상 반복해서 크게 말해보세요.

발음 확인: www.youtube.com/이근철tv

❶ It is a **joke**.
(그건) **농담**이에요.

❷ It is a **plan**.
(그럴) **계획**이에요.

❸ It is a **habit**.
(그건) **습관**이에요.

❹ It's a **secret**.
(그건) **비밀**이에요.

❺ It's a **mistake**.
(그건) **실수**예요.

❻ It's a **problem**.
(그게) **문제**예요.

(그건) ~이 아니에요 It's not a ~

이번에는 추가 패턴을 이용해서 문장을 만들어 보세요. (영어 문장은 다음 페이지에서 확인)

joke	❶ 형편없는 **농담**은 아니에요.
plan	❷ 형편없는 **계획**은 아니에요.
habit	❸ 나쁜 **습관**은 아니에요.

secret	❹ 더 이상 **비밀**이 아니에요.
mistake	❺ 더 이상 **실수**가 아니에요.
problem	❻ 더 이상 **문제**가 아니에요.

A: **그건** 더 이상 비밀이 **아니야**.
B: 다들 그것에 대해 알고 있지.

It's not a ~ (그건) ~이 아니에요

감정과 제스처를 곁들여 10번 이상 반복해서 크게 말해 보세요.

발음 확인: www.youtube.com/이근철tv

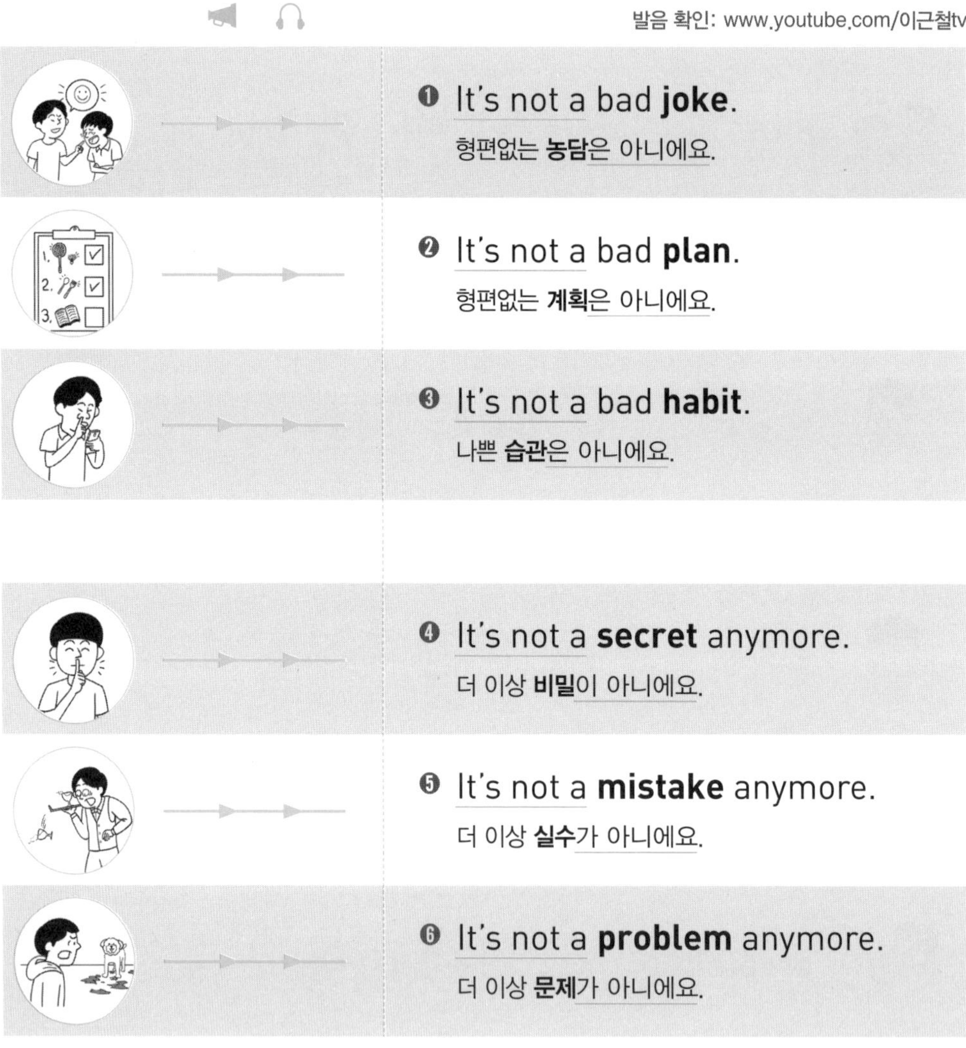

❶ It's not a bad **joke**.
형편없는 **농담**은 아니에요.

❷ It's not a bad **plan**.
형편없는 **계획**은 아니에요.

❸ It's not a bad **habit**.
나쁜 **습관**은 아니에요.

❹ It's not a **secret** anymore.
더 이상 **비밀**이 아니에요.

❺ It's not a **mistake** anymore.
더 이상 **실수**가 아니에요.

❻ It's not a **problem** anymore.
더 이상 **문제**가 아니에요.

Wrap It Up

A: **It's not a** secret anymore. **그건** 더 이상 비밀이 **아니야**.
B: Everybody knows about it. 다들 그것에 대해 알고 있지.

Choose the correct one!

두 문장 중 올바르게 말한 문장을 골라보세요. (정답은 페이지 하단에서 확인)

1 
(A) It is a joke.
(B) It a joke is.

2 

(A) It not is a bad plan.
(B) It's not a bad plan.

3 
(A) It's not a secret anymore.
(B) It's not anymore a secret.

4 
(A) It's not a bad habit.
(B) It not a bad habit.

5 
(A) It does a mistake.
(B) It's a mistake.

6 
(A) It's not a problem.
(B) It's not problem.

Answer

1. (A) 2. (B) 3. (A) 4. (A) 5. (B) 6. (A)

보너스 단어를 활용하여 문장을 만들어보세요. (영어 문장은 다음 페이지에서 확인)

Plus 8 Words

It's (not) a ~

story	❶ (그건) 그냥 **이야기**예요.
trap	❷ (그건) **함정**이에요.
question	❸ (그건) **질문**이에요.
idea	❹ (그건) 나쁜 **아이디어**가 아니에요.
song	❺ (그건) 형편없는 **노래**가 아니에요.
lie	❻ (그건) 더 이상 **거짓말**이 아니에요.
rumor	❼ (그건) 더 이상 **소문**이 아니에요.
dream	❽ (그건) 더 이상 **꿈**이 아니에요.

감정과 제스처를 곁들여 10번 이상 반복해서 크게 말해 보세요.

Plus 8 Words

발음 확인: www.youtube.com/이근철tv

이야기	❶ It's a **story**. (그건) 그냥 **이야기**예요.
함정, 덫	❷ It's a **trap**. (그건) **함정**이에요.
질문, 의문	❸ It's a **question**. (그건) **질문**이에요.
아이디어	❹ It's not a bad **idea**. (그건) 나쁜 **아이디어**가 아니에요.
노래	❺ It's not a bad **song**. (그건) 형편없는 **노래**가 아니에요.
거짓말	❻ It's not a **lie** anymore. (그건) 더 이상 **거짓말**이 아니에요.
소문	❼ It's not a **rumor** anymore. (그건) 더 이상 **소문**이 아니에요.
꿈	❽ It's not a **dream** anymore. (그건) 더 이상 **꿈**이 아니에요.

Step 1
Words & Emotions

UNIT 10 What are we going to do?

DAY-10

그림을 보고 상황을 떠올리며 오른쪽 단어를 크게 말해보세요. (정확한 발음 확인 후 10번 이상 반복)

① **stay**

② **leave**

③ **go**

④ **cancel**

⑤ **make**

⑥ **try**

★단어 및 문장의 정확한 발음은 www.youtube.com/이근철tv에서 확인하세요.

(우리) ~해요 Let's ~

그림의 단어를 제목의 패턴과 연결하여 문장을 만들어 보세요. (영어 문장은 다음 페이지에서 확인)

stay	❶ (우리) 여기 **머물러**요.
leave	❷ (우리) 지금 **떠나**요(출발해요).
go	❸ (우리) 거기로 **가**요.
cancel	❹ (우리) 그거 **취소해**요.
make	❺ (우리) 저녁 **만들어**요.
try	❻ (우리) 그거 **시도해봐**요.

Let's ~

(우리) ~해요

감정과 제스처를 곁들여 문장을 10번 이상 반복해서 크게 말해보세요.

발음 확인: www.youtube.com/이근철tv

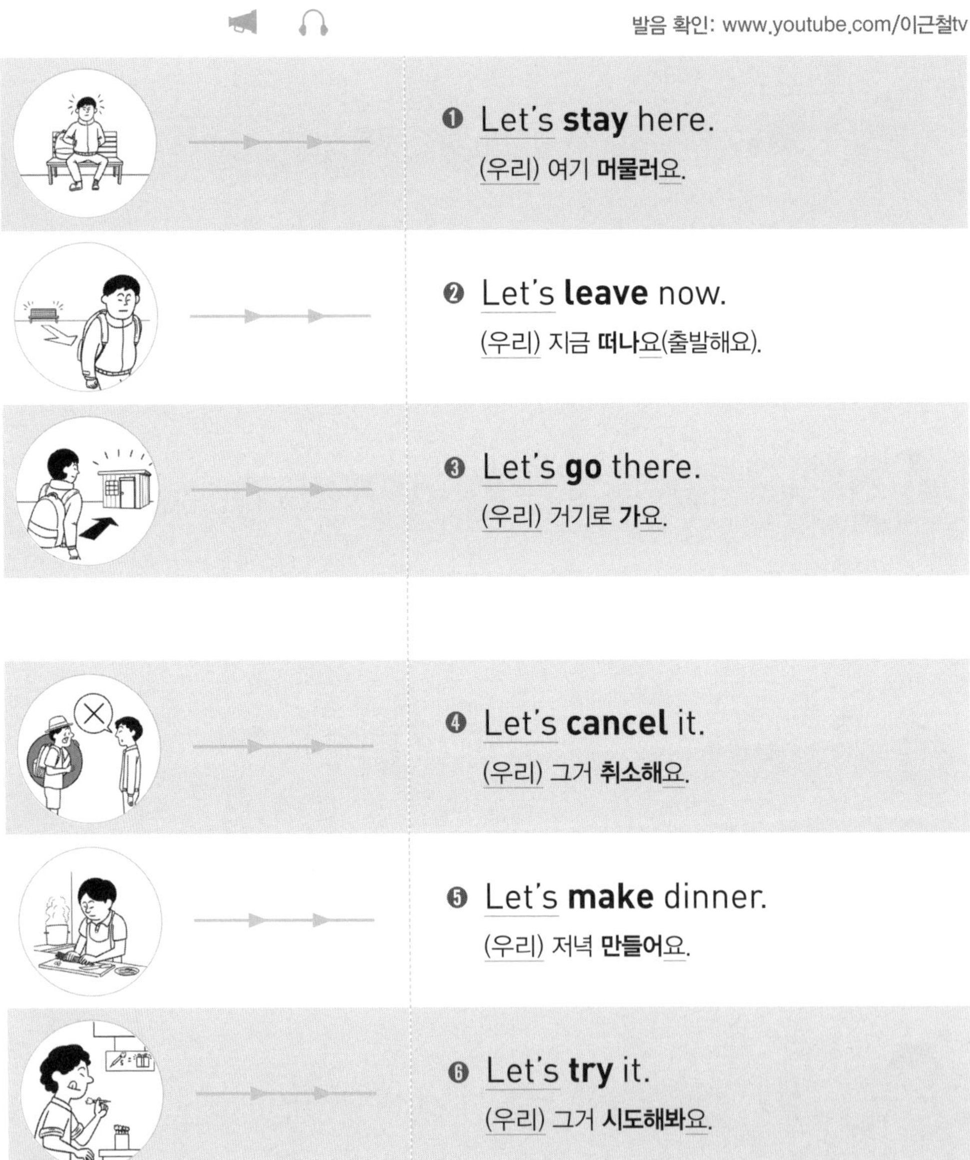

❶ Let's **stay** here.
(우리) 여기 **머물러**요.

❷ Let's **leave** now.
(우리) 지금 **떠나**요(출발해요).

❸ Let's **go** there.
(우리) 거기로 **가**요.

❹ Let's **cancel** it.
(우리) 그거 **취소해**요.

❺ Let's **make** dinner.
(우리) 저녁 **만들어**요.

❻ Let's **try** it.
(우리) 그거 **시도해봐**요.

(우리) ~하지 말아요 Let's not ~

이번에는 추가 패턴을 이용해서 문장을 만들어 보세요. (영어 문장은 다음 페이지에서 확인)

stay	❶ (우리) 여기 **머무르지** 말아요.
leave	❷ (우리) 지금 **떠나지**(출발하지) 말아요.
go	❸ (우리) 거기로 **가지** 말아요.
cancel	❹ (우리) 그거 **취소하지** 말아요.
make	❺ (우리) 저녁 **만들지** 말아요.
try	❻ (우리) 그거 **시도해보지** 말아요.

Wrap It Up

A: 저녁 만들**지 말자**.

B: 좋아. 오늘 저녁은 나가서 먹**자**.

Let's not ~

(우리) ~하지 말아요

감정과 제스처를 곁들여 10번 이상 반복해서 크게 말해 보세요.

발음 확인: www.youtube.com/이근철tv

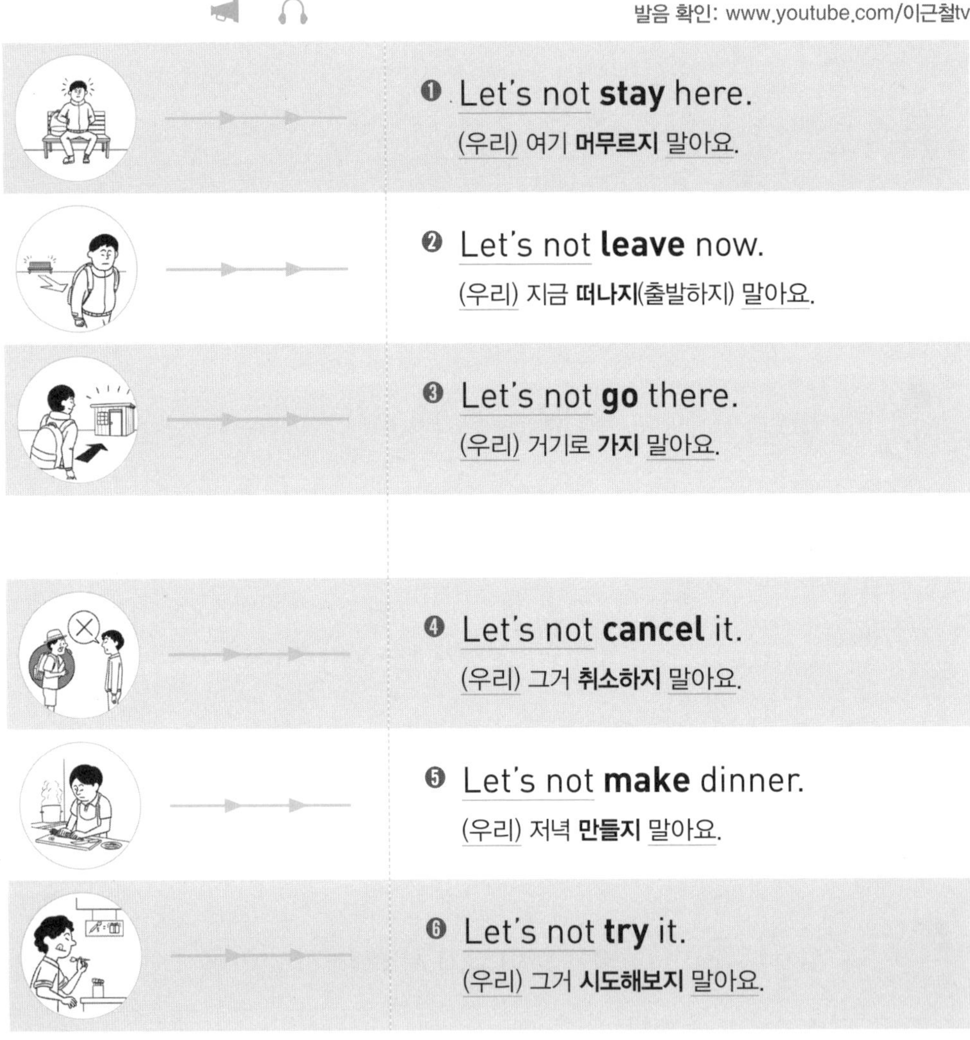

❶ Let's not **stay** here.
(우리) 여기 **머무르지** 말아요.

❷ Let's not **leave** now.
(우리) 지금 **떠나지**(출발하지) 말아요.

❸ Let's not **go** there.
(우리) 거기로 **가지** 말아요.

❹ Let's not **cancel** it.
(우리) 그거 **취소하지** 말아요.

❺ Let's not **make** dinner.
(우리) 저녁 **만들지** 말아요.

❻ Let's not **try** it.
(우리) 그거 **시도해보지** 말아요.

Wrap It Up

A: **Let's not** make dinner. 저녁 만들**지 말자**.
B: Okay. **Let's** eat out tonight. 좋아. 오늘 저녁은 나가서 먹**자**.

Choose the correct one!

두 문장 중 올바르게 말한 문장을 골라보세요. (정답은 페이지 하단에서 확인)

1 

(A) Let's here stay.
(B) Let's stay here.

2 

(A) Let's make dinner.
(B) Let's dinner make.

3 

(A) Let's cancel not it.
(B) Let's not cancel it.

4 

(A) Let's leave now.
(B) Let's now leave.

5 

(A) Let go there.
(B) Let's go there.

6 

(A) Let's it try.
(B) Let's try it.

Answer

1. (B) 2. (A) 3. (B) 4. (A) 5. (B) 6. (B)

보너스 단어를 활용하여 문장을 만들어보세요. (영어 문장은 다음 페이지에서 확인)

Plus 8 Words

Let's (not) ~

learn	❶ (우리) 이제 **배워**요.
find	❷ (우리) 이제 **찾아봐**요.
watch	❸ (우리) 그거 여기서 **시청해**요.
order	❹ (우리) 여기서 **주문해**요.
sit	❺ (우리) 거기 **앉아**요.
visit	❻ (우리) 거기를 **방문해**요.
ask	❼ (우리) 거기에서 **물어보지 말아**요.
walk	❽ (우리) 거기로 **걸어가지 말아**요.

감정과 제스처를 곁들여 10번 이상 반복해서 크게 말해 보세요.

Plus 8 Words

발음 확인: www.youtube.com/이근철tv

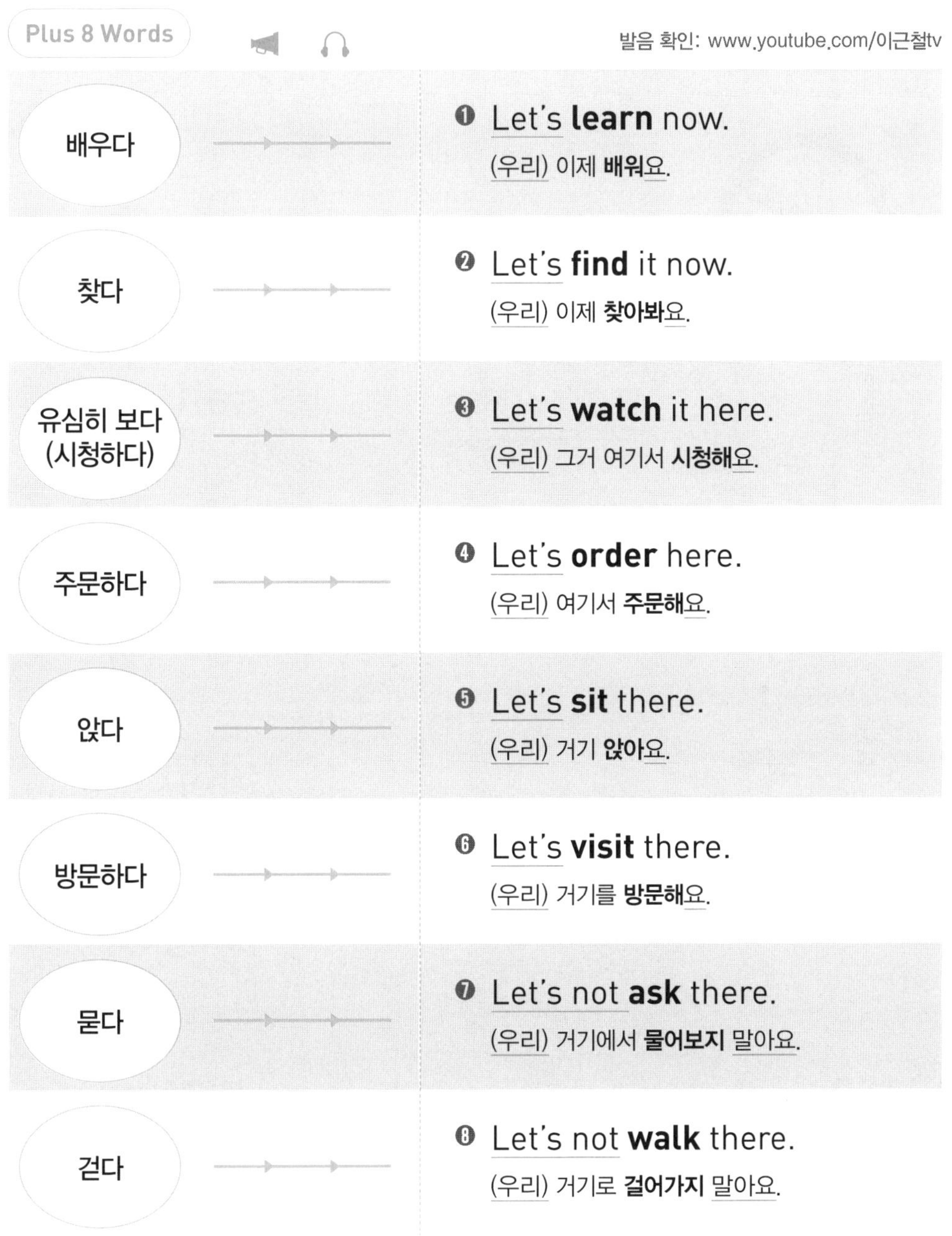

배우다	❶ Let's **learn** now. (우리) 이제 **배워**요.
찾다	❷ Let's **find** it now. (우리) 이제 **찾아봐**요.
유심히 보다 (시청하다)	❸ Let's **watch** it here. (우리) 그거 여기서 **시청해**요.
주문하다	❹ Let's **order** here. (우리) 여기서 **주문해**요.
앉다	❺ Let's **sit** there. (우리) 거기 **앉아**요.
방문하다	❻ Let's **visit** there. (우리) 거기를 **방문해**요.
묻다	❼ Let's not **ask** there. (우리) 거기에서 **물어보지** 말아요.
걷다	❽ Let's not **walk** there. (우리) 거기로 **걸어가지** 말아요.

Step1
Words & Emotions

UNIT 11 What am I not allowed to do?

DAY-11

그림을 보고 상황을 떠올리며 오른쪽 단어를 크게 말해보세요. (정확한 발음 확인 후 10번 이상 반복)

① stop

② sell

③ open

④ skip

⑤ forget

⑥ wash

★단어 및 문장의 정확한 발음은 www.youtube.com/이근철tv에서 확인하세요.

~하지 마세요 Don't ~

그림의 단어를 제목의 패턴과 연결하여 문장을 만들어 보세요. (영어 문장은 다음 페이지에서 확인)

stop ❶ 그거 **멈추지** 마세요.

sell ❷ 그거 **팔지** 마세요.

open ❸ 그거 **열지** 마세요.

skip ❹ 그거 **건너뛰지**(생략하지) 마세요.

forget ❺ 그거 **잊지** 마세요.

wash ❻ 그거 **물로 씻지** 마세요.

Don't ~

~하지 마세요

감정과 제스처를 곁들여 문장을 10번 이상 반복해서 크게 말해보세요.

발음 확인: www.youtube.com/이근철tv

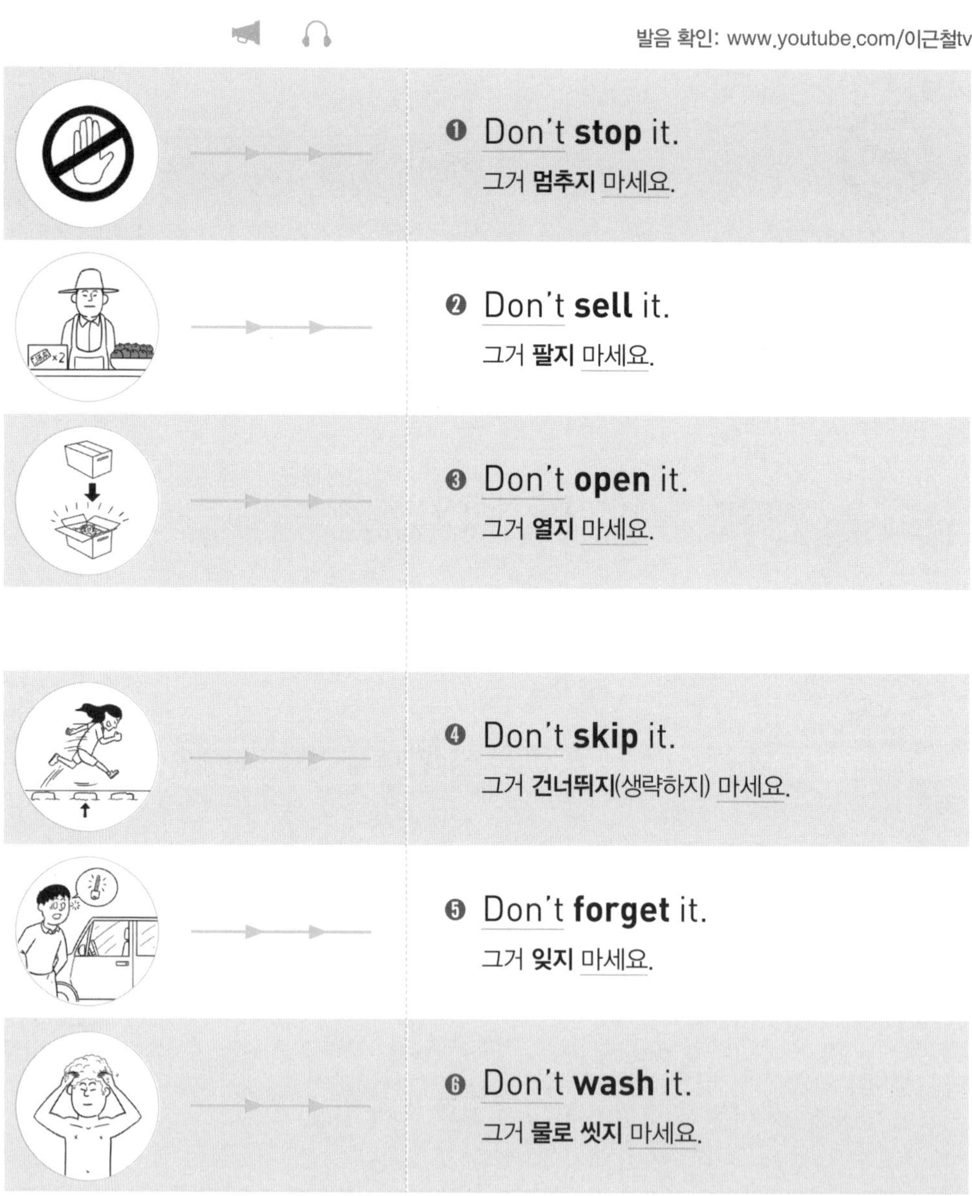

❶ Don't **stop** it.
그거 **멈추지** 마세요.

❷ Don't **sell** it.
그거 **팔지** 마세요.

❸ Don't **open** it.
그거 **열지** 마세요.

❹ Don't **skip** it.
그거 **건너뛰지**(생략하지) 마세요.

❺ Don't **forget** it.
그거 **잊지** 마세요.

❻ Don't **wash** it.
그거 **물로 씻지** 마세요.

~해 주세요 Please ~

이번에는 추가 패턴을 이용해서 문장을 만들어 보세요. (영어 문장은 다음 페이지에서 확인)

stop	❶ 그거 **그만해** 주세요.
sell	❷ 그거 **팔아** 주세요.
open	❸ 그거 **열어** 주세요.
skip	❹ 그건 **건너뛰어**(생략해) 주세요.
forget	❺ 그건 **잊어** 주세요.
wash	❻ 그건 **물로 씻어** 주세요.

Wrap It Up

A: 그거 열**지 마**.
B: 뭐가 들었는데?

Please ~

~해 주세요

감정과 제스처를 곁들여 10번 이상 반복해서 크게 말해 보세요.

발음 확인: www.youtube.com/이근철tv

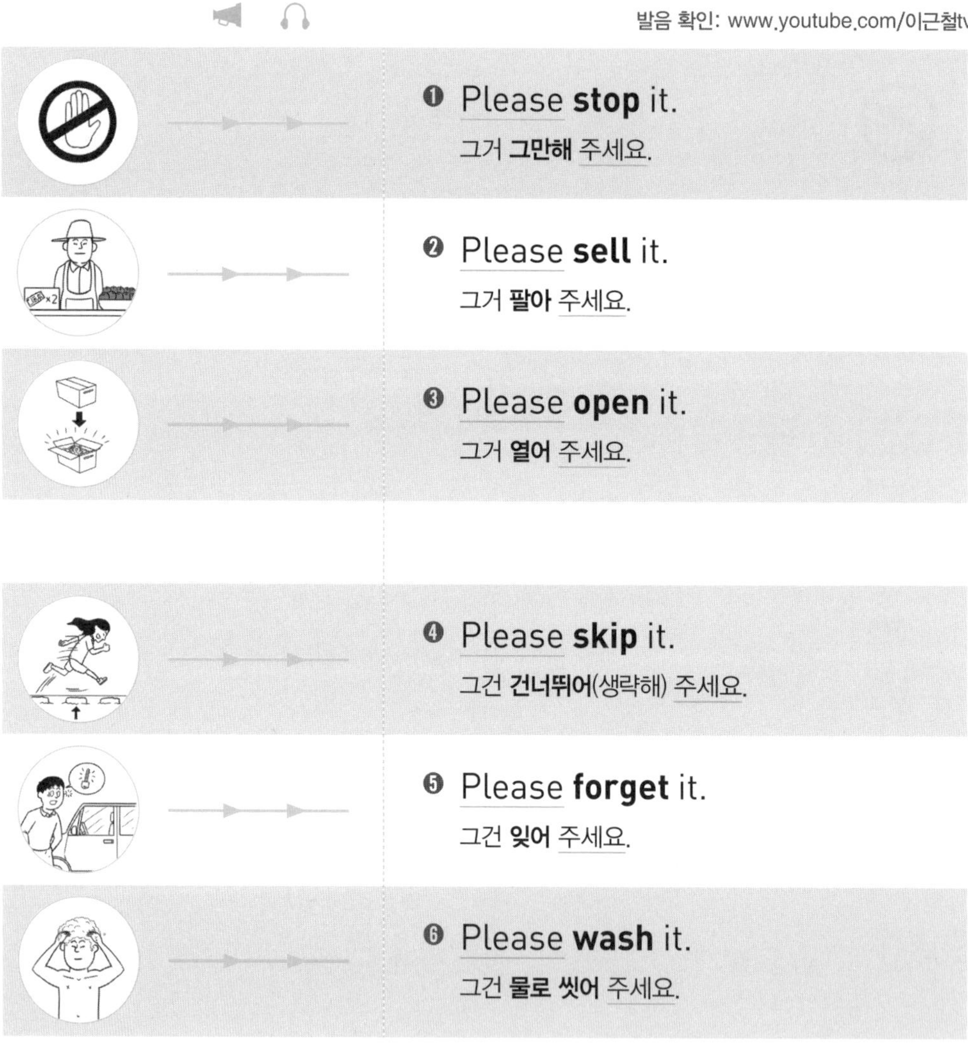

❶ Please **stop** it.
그거 **그만해** 주세요.

❷ Please **sell** it.
그거 **팔아** 주세요.

❸ Please **open** it.
그거 **열어** 주세요.

❹ Please **skip** it.
그건 **건너뛰어**(생략해) 주세요.

❺ Please **forget** it.
그건 **잊어** 주세요.

❻ Please **wash** it.
그건 **물로 씻어** 주세요.

Wrap It Up

A: **Don't** open it. 그거 열**지 마**.

B: What's in it? 뭐가 들었는데?

Choose the correct one!

두 문장 중 올바르게 말한 문장을 골라보세요. (정답은 페이지 하단에서 확인)

1 

(A) Don't open it.
(B) Don't it open.

2 

(A) Please it stop.
(B) Please stop it.

3 

(A) Wash it please.
(B) It wash please.

4 

(A) Don't sell it.
(B) Don't not sell it.

5 

(A) Please it skip.
(B) Please skip it.

6 

(A) Not forget it.
(B) Don't forget it.

Answer

1. (A) 2. (B) 3. (A) 4. (A) 5. (B) 6. (B)

보너스 단어를 활용하여 문장을 만들어보세요. (영어 문장은 다음 페이지에서 확인)

Plus 8 Words

Please ~ / Don't ~

buy	❶ 그것을 **사**세요.
mix	❷ 그것을 **섞어** 주세요.
turn	❸ 그것을 (방향을) **돌려** 주세요.
enjoy	❹ 그것을 **즐겨** 주세요(음식, 책, 행사 등).
smell	❺ 그것을 **냄새 맡지** 마세요.
touch	❻ 그것을 **만지지** 마세요.
believe	❼ 그것을 **믿지** 마세요.
choose	❽ 그것을 **선택하지** 마세요.

감정과 제스처를 곁들여 10번 이상 반복해서 크게 말해 보세요.

Plus 8 Words

발음 확인: www.youtube.com/이근철tv

사다	❶ Please **buy** it. 그것을 **사**세요.
섞다	❷ Please **mix** it. 그것을 **섞어** 주세요.
돌리다	❸ Please **turn** it. 그것을 (방향을) **돌려** 주세요.
즐기다	❹ Please **enjoy** it. 그것을 **즐겨** 주세요(음식, 책, 행사 등).
냄새 맡다	❺ Don't **smell** it. 그것을 **냄새 맡지** 마세요.
만지다	❻ Don't **touch** it. 그것을 **만지지** 마세요.
믿다	❼ Don't **believe** it. 그것을 **믿지** 마세요.
선택하다	❽ Don't **choose** it. 그것을 **선택하지** 마세요.

Step1
Words & Emotions

UNIT 12 What do you usually do?

DAY-12

그림을 보고 상황을 떠올리며 오른쪽 단어를 크게 말해보세요. (정확한 발음 확인 후 10번 이상 반복)

①

②

③

① **sing**

② **read**

③ **run**

④

⑤

⑥

④ **swim**

⑤ **dream**

⑥ **smoke**

★단어 및 문장의 정확한 발음은 www.youtube.com/이근철tv에서 확인하세요.

(평소) ~하세요? Do you ~ ?

그림의 단어를 제목의 패턴과 연결하여 문장을 만들어 보세요. (영어 문장은 다음 페이지에서 확인)

sing	❶ (평소) **노래하**세요?
read	❷ (평소) **독서하**세요?
run	❸ (평소) **달리기하**세요?
swim	❹ (평소) **수영하**세요?
dream	❺ (평소) **꿈 꾸**세요?
smoke	❻ (평소) **담배 피우**세요?

Do you ~ ?

(평소) ~하세요?

감정과 제스처를 곁들여 문장을 10번 이상 반복해서 크게 말해보세요.

발음 확인: www.youtube.com/이근철tv

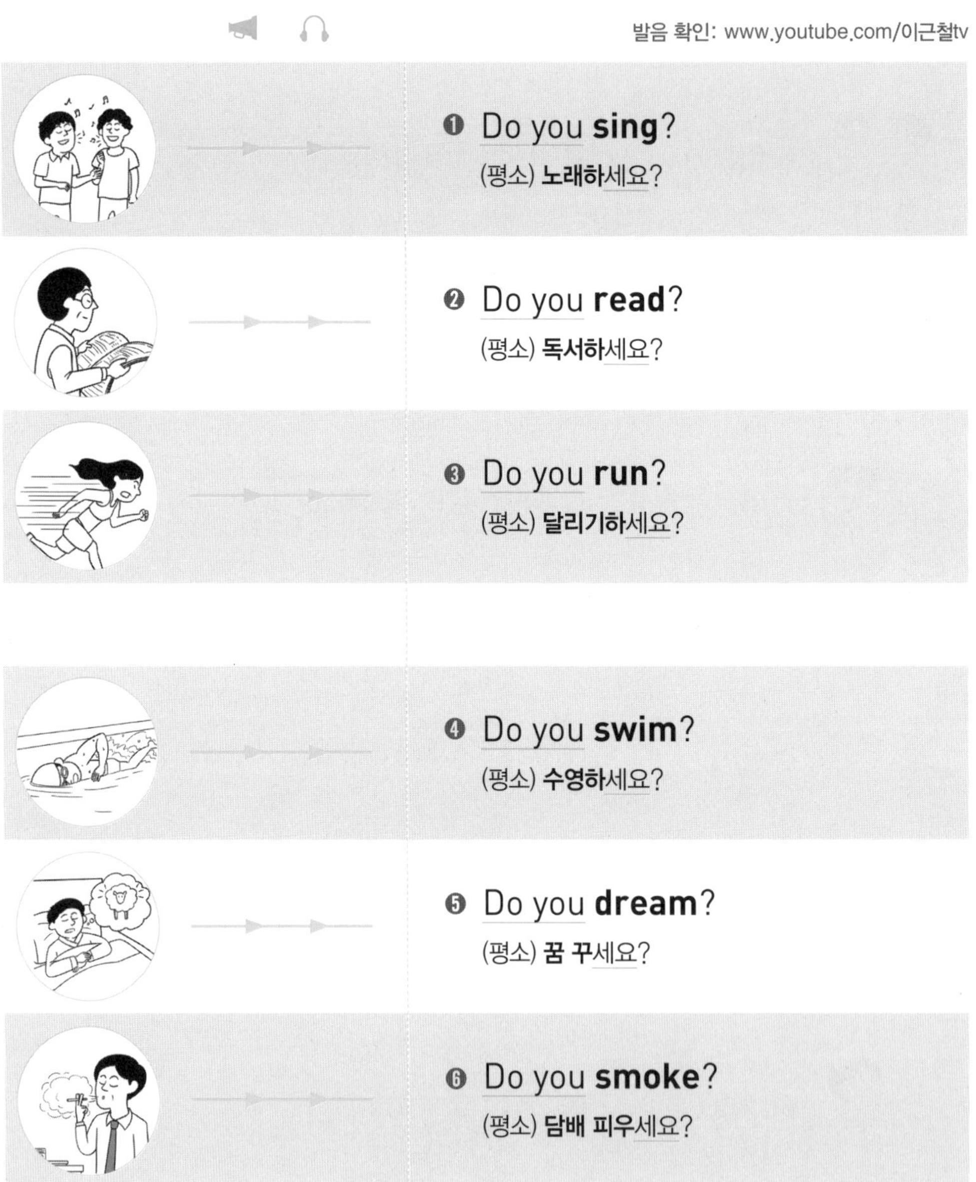

❶ Do you **sing**?
(평소) **노래하**세요?

❷ Do you **read**?
(평소) **독서하**세요?

❸ Do you **run**?
(평소) **달리기하**세요?

❹ Do you **swim**?
(평소) **수영하**세요?

❺ Do you **dream**?
(평소) **꿈 꾸**세요?

❻ Do you **smoke**?
(평소) **담배 피우**세요?

매일 ~하세요? Do you ~ every day?

이번에는 추가 패턴을 이용해서 문장을 만들어 보세요. (영어 문장은 다음 페이지에서 확인)

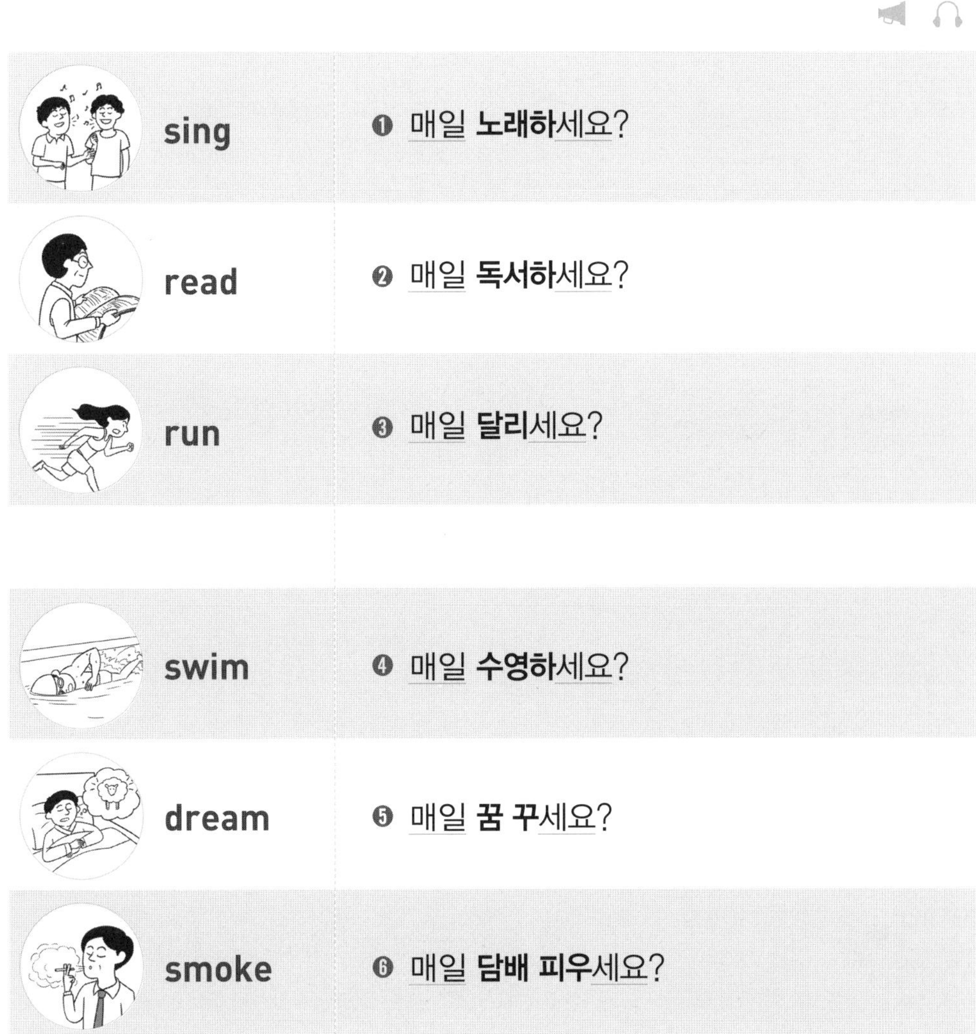

sing	❶ 매일 **노래하**세요?
read	❷ 매일 **독서하**세요?
run	❸ 매일 **달리**세요?
swim	❹ 매일 **수영하**세요?
dream	❺ 매일 **꿈 꾸**세요?
smoke	❻ 매일 **담배 피우**세요?

Wrap It Up

A: **매일** 달리는 **거야**?

B: 아니. (하지만) 아내는 매일 달려.

Do you ~ every day?

매일 ~하세요?

감정과 제스처를 곁들여 10번 이상 반복해서 크게 말해 보세요.

발음 확인: www.youtube.com/이근철tv

❶ Do you **sing** every day?
매일 **노래하**세요?

❷ Do you **read** every day?
매일 **독서하**세요?

❸ Do you **run** every day?
매일 **달리**세요?

❹ Do you **swim** every day?
매일 **수영하**세요?

❺ Do you **dream** every day?
매일 **꿈 꾸**세요?

❻ Do you **smoke** every day?
매일 **담배 피우**세요?

Wrap It Up

A: Do you run **every day**? **매일** 달리는 **거야**?

B: No. My wife runs every day. 아니. (하지만) 아내는 매일 달려.

Choose the correct one!

두 문장 중 올바르게 말한 문장을 골라보세요. (정답은 페이지 하단에서 확인)

1 
(A) Do you swim?
(B) Are you swim?

2 
(A) Do you read every day?
(B) Are you read everyday?

3 
(A) Are you smoke?
(B) Do you smoke?

4 
(A) Do you every day sing?
(B) Do you sing every day?

5 
(A) Do you run?
(B) You are run?

6 
(A) Do you dream every day?
(B) Are you dream every day?

Answer

1. (A) 2. (A) 3. (B) 4. (B) 5. (A) 6. (A)

Step 5
Plus 8 Words & Sentences

보너스 단어를 활용하여 문장을 만들어보세요. (영어 문장은 다음 페이지에서 확인)

Plus 8 Words

Do you ~ ?

Plus 8 Words	
ski	❶ (평소) **스키 타**세요?
skate	❷ (평소) **스케이트 타**세요?
dance	❸ (평소) **춤 추**세요?
draw	❹ (평소) **그림 그리**세요?
walk	❺ 매일 **걸으**세요?
wash	❻ 매일 **씻으**세요?
sleep	❼ 매일 **늦잠 주무**세요?
exercise	❽ 매일 **운동하**세요?

감정과 제스처를 곁들여 10번 이상 반복해서 크게 말해 보세요.

Plus 8 Words

발음 확인: www.youtube.com/이근철tv

스키 타다	❶ Do you **ski**? (평소) **스키 타**세요?
스케이트 타다	❷ Do you **skate**? (평소) **스케이트 타**세요?
춤추다	❸ Do you **dance**? (평소) **춤 추**세요?
그리다	❹ Do you **draw**? (평소) **그림 그리**세요?
걷다	❺ Do you **walk** every day? 매일 **걸으**세요?
(물로) 씻다	❻ Do you **wash** every day? 매일 **씻으**세요?
자다	❼ Do you **sleep** late every day? 매일 **늦잠 주무**세요?
운동하다	❽ Do you **exercise** every day? 매일 **운동하**세요?

Step1
Words & Emotions

UNIT 13 What do I do every day?

DAY-13

그림을 보고 상황을 떠올리며 오른쪽 단어를 크게 말해보세요. (정확한 발음 확인 후 10번 이상 반복)

① **learn**

② **drive**

③ **write**

④ **jog**

⑤ **read**

⑥ **cook**

★단어 및 문장의 정확한 발음은 www.youtube.com/이근철tv에서 확인하세요.

나는 ~해요

I do ~

그림의 단어를 제목의 패턴과 연결하여 문장을 만들어 보세요. (영어 문장은 다음 페이지에서 확인)

learn	❶ 나는 매일 **배워**요.
drive	❷ 나는 매일 **운전해**요.
write	❸ 나는 매일 **글을 써**요.
jog	❹ 나는 매일 **조깅해**요.
read	❺ 나는 매일 **독서해**요.
cook	❻ 나는 매일 **요리해**요.

I do ~

나는 ~해요

감정과 제스처를 곁들여 문장을 10번 이상 반복해서 크게 말해보세요.

발음 확인: www.youtube.com/이근철tv

❶ I **learn** every day.
나는 매일 **배워**요.

❷ I **drive** every day.
나는 매일 **운전해**요.

❸ I **write** every day.
나는 매일 **글을 써**요.

❹ I **jog** every day.
나는 매일 **조깅해**요.

❺ I **read** every day.
나는 매일 **독서해**요.

❻ I **cook** every day.
나는 매일 **요리해**요.

나는 ~을 ~해요

I do + N ~

이번에는 추가 패턴을 이용해서 문장을 만들어 보세요. (영어 문장은 다음 페이지에서 확인)

learn	❶ 나는 매일 영어를 **배워**요.
drive	❷ 나는 매일 트럭을 **운전해**요.
write	❸ 나는 매일 편지를 **써**요.
jog	❹ 나는 매일 5마일씩 **조깅해**요.
read	❺ 나는 매일 책 한 권을 **읽어**요.
cook	❻ 나는 매일 저녁을 **요리해**요.

Wrap It Up

A: **나는** 매일 **저녁을 요리해**.

B: 가족들 먹으라고?

I do + N ~

나는 ~을 ~해요

감정과 제스처를 곁들여 10번 이상 반복해서 크게 말해 보세요.

발음 확인: www.youtube.com/이근철tv

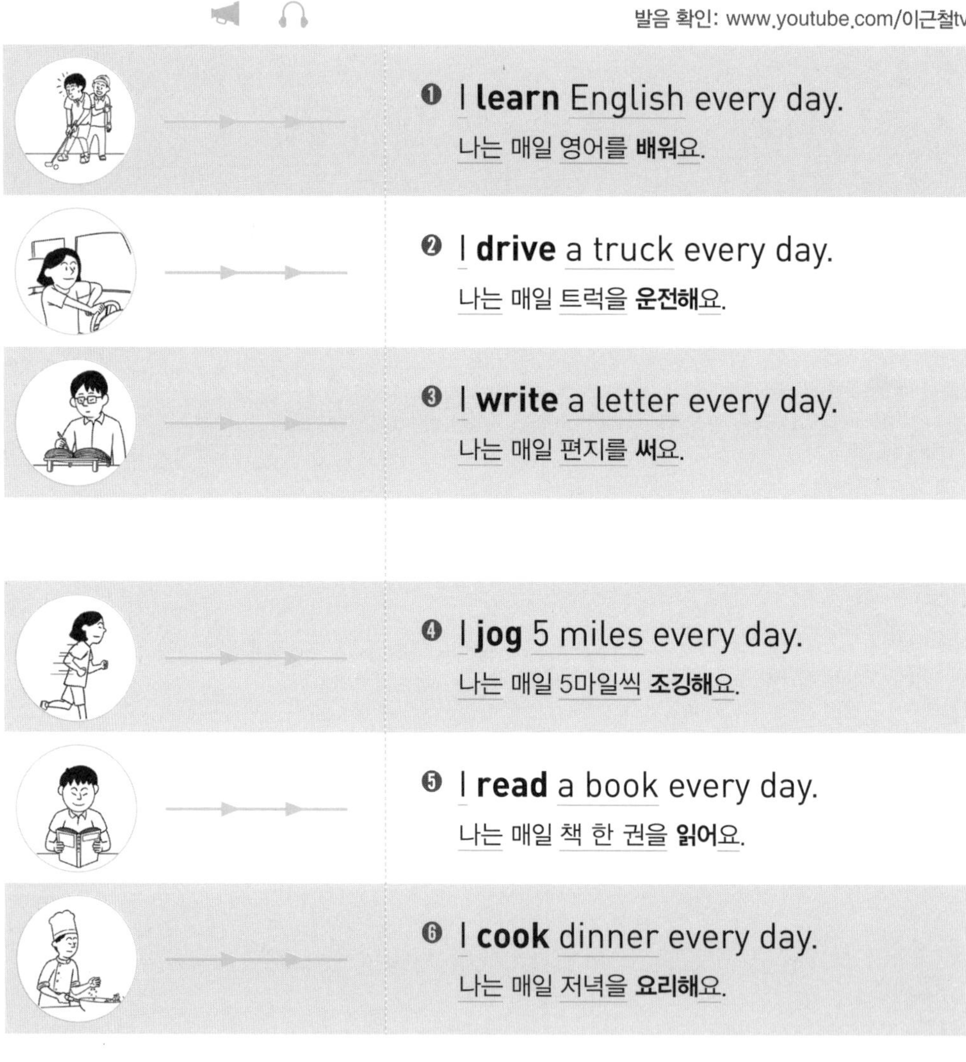

❶ I **learn** English every day.
나는 매일 영어를 **배워**요.

❷ I **drive** a truck every day.
나는 매일 트럭을 **운전해**요.

❸ I **write** a letter every day.
나는 매일 편지를 **써**요.

❹ I **jog** 5 miles every day.
나는 매일 5마일씩 **조깅해**요.

❺ I **read** a book every day.
나는 매일 책 한 권을 **읽어**요.

❻ I **cook** dinner every day.
나는 매일 저녁을 **요리해**요.

Wrap It Up

A: I cook dinner every day. **나는** 매일 **저녁을 요리해.**

B: For your family? 가족들 먹으라고?

Choose the correct one!

두 문장 중 올바르게 말한 문장을 골라보세요. (정답은 페이지 하단에서 확인)

1 
(A) I read every day.
(B) I every day read.

2 
(A) I English learn every day.
(B) I learn English every day.

3 
(A) I dinner cook every day.
(B) I cook dinner every day.

4 
(A) I drive every day.
(B) I am drive every day.

5 
(A) I a letter write every day.
(B) I write a letter every day.

6 
(A) I every day jog.
(B) I jog every day.

Answer

1. (A) 2. (B) 3. (B) 4. (A) 5. (B) 6. (B)

보너스 단어를 활용하여 문장을 만들어보세요. (영어 문장은 다음 페이지에서 확인)

Plus 8 Words
I do ~
work
❶ 나는 매일 **일해**요.
think
❷ 나는 매일 **생각해**요.
grow
❸ 나는 매일 **성장해**요.
travel
❹ 나는 매일 **여행해**요.
wash
❺ 나는 매일 머리를 **감아**요.
eat
❻ 나는 매일 세 끼를 **먹어**요.
help
❼ 나는 매일 사람들을 **도와줘**요.
study
❽ 나는 매일 역사를 **공부해**요.

감정과 제스처를 곁들여 10번 이상 반복해서 크게 말해 보세요.

Plus 8 Words

발음 확인: www.youtube.com/이근철tv

일하다	❶ I **work** every day. 나는 매일 **일해**요.
생각하다	❷ I **think** every day. 나는 매일 **생각해**요.
성장하다	❸ I **grow** every day. 나는 매일 **성장해**요.
여행하다	❹ I **travel** every day. 나는 매일 **여행해**요.
씻다	❺ I **wash** my hair every day. 나는 매일 머리를 **감아**요.
먹다	❻ I **eat** 3 meals every day. 나는 매일 세 끼를 **먹어**요.
돕다	❼ I **help** people every day. 나는 매일 사람들을 **도와줘**요.
공부하다	❽ I **study** history every day. 나는 매일 역사를 **공부해**요.

UNIT 14 What do I not do?

DAY-14

그림을 보고 상황을 떠올리며 오른쪽 단어를 크게 말해보세요. (정확한 발음 확인 후 10번 이상 반복)

① **know**

② **like**

③ **believe**

④ **have**

⑤ **need**

⑥ **drink**

★단어 및 문장의 정확한 발음은 www.youtube.com/이근철tv에서 확인하세요.

나는 ~하지 않아요 I do not ~ / I don't ~

그림의 단어를 제목의 패턴과 연결하여 문장을 만들어 보세요. (영어 문장은 다음 페이지에서 확인)

know	❶ 나는 그를 **알지** 못해요.
like	❷ 나는 그를 **좋아하지** 않아요.
believe	❸ 나는 그를 **믿지** 않아요.
have	❹ 나는 그걸 **갖고 있지** 않아요.
need	❺ 나는 그게 **필요하지** 않아요.
drink	❻ 나는 그걸 **마시지** 않아요.

I do not ~ / I don't ~

나는 ~하지 않아요

감정과 제스처를 곁들여 문장을 10번 이상 반복해서 크게 말해보세요.

발음 확인: www.youtube.com/이근철tv

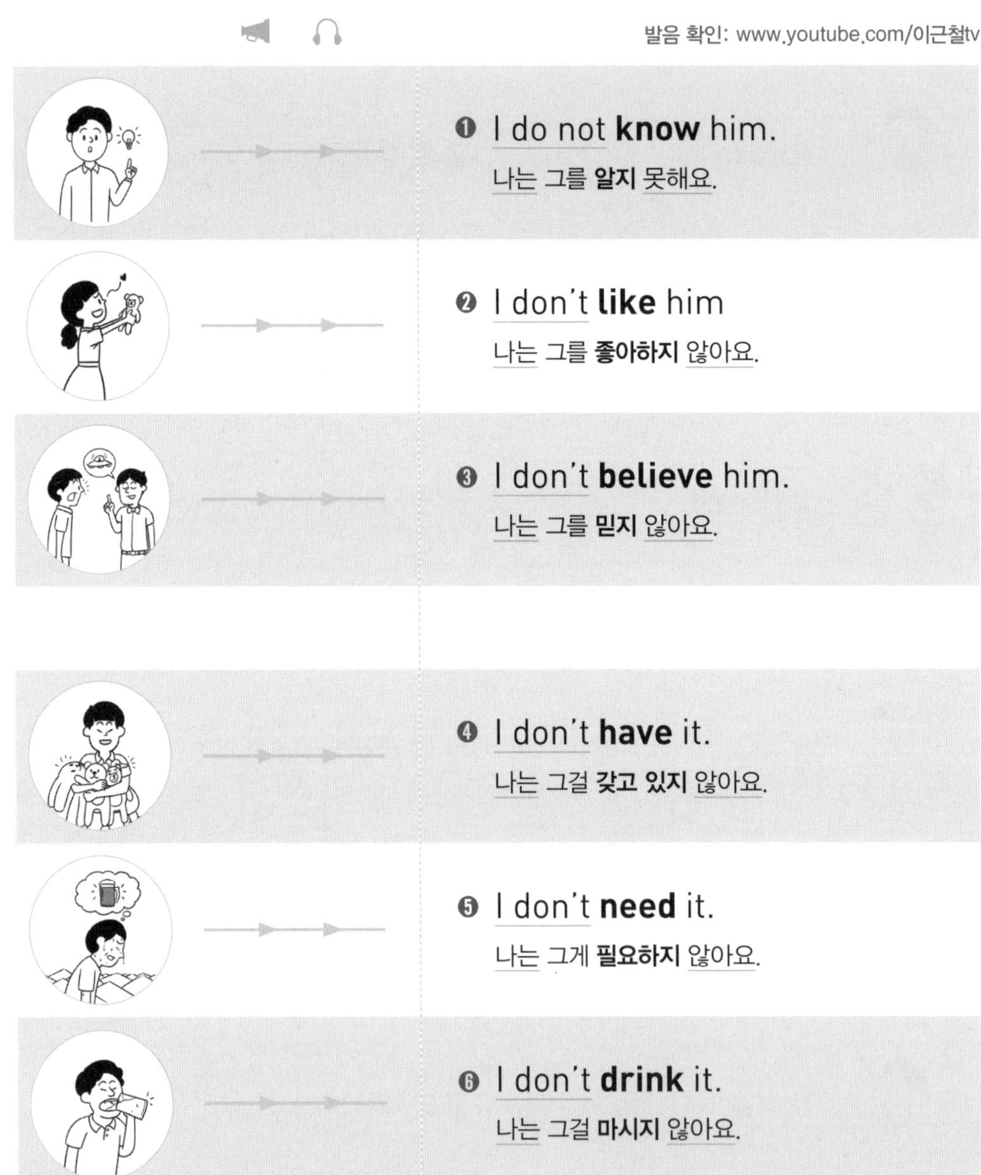

❶ I do not **know** him.
나는 그를 **알지** 못해요.

❷ I don't **like** him
나는 그를 **좋아하지** 않아요.

❸ I don't **believe** him.
나는 그를 **믿지** 않아요.

❹ I don't **have** it.
나는 그걸 **갖고 있지** 않아요.

❺ I don't **need** it.
나는 그게 **필요하지** 않아요.

❻ I don't **drink** it.
나는 그걸 **마시지** 않아요.

나는 ~하지 않아요 (II) I don't ~

이번에는 추가 패턴을 이용해서 문장을 만들어 보세요. (영어 문장은 다음 페이지에서 확인!)

	**know**	❶ 나는 이유를 **알지** 못해요.
	**like**	❷ 나는 그 아이디어가 **맘에 들지** 않아요.
	**believe**	❸ 나는 당신을 **믿지** 않아요.
	**have**	❹ 나는 돈을 **갖고 있지** 않아요.
	**need**	❺ 나는 당신 도움이 **필요하지** 않아요.
	**drink**	❻ 나는 커피를 **마시지** 않아요.

Wrap It Up

A: **나는** 커피를 마시지 **않아**.
B: 네가 차 좋아하는 거야 알지.

I don't ~ (II)

나는 ~하지 않아요

감정과 제스처를 곁들여 10번 이상 반복해서 크게 말해 보세요.

발음 확인: www.youtube.com/이근철tv

❶ I don't **know** why.
나는 이유를 **알지** 못해요.

❷ I don't **like** this idea.
나는 그 아이디어가 **맘에 들지** 않아요.

❸ I don't **believe** you.
나는 당신을 **믿지** 않아요.

❹ I don't **have** money.
나는 돈을 **갖고 있지** 않아요.

❺ I don't **need** your help.
나는 당신 도움이 **필요하지** 않아요.

❻ I don't **drink** coffee.
나는 커피를 **마시지** 않아요.

Wrap It Up

A: I don't drink coffee. **나는** 커피를 마시지 **않아**.

B: I know you love tea. 네가 차 좋아하는 거야 알지.

Choose the correct one!

두 문장 중 올바르게 말한 문장을 골라보세요. (정답은 페이지 하단에서 확인)

1 

(A) I do not know him.
(B) I not know him.

2 

(A) I don't like this idea.
(B) I like don't this idea.

3 

(A) I drink coffee not.
(B) I don't drink coffee.

4 

(A) I don't believe you.
(B) I you believe don't.

5 

(A) I don't not have money.
(B) I don't have money.

6 

(A) I don't need it.
(B) I am not don't need it.

Answer

1. (A) 2. (A) 3. (B) 4. (A) 5. (B) 6. (A)

보너스 단어를 활용하여 문장을 만들어보세요. (영어 문장은 다음 페이지에서 확인)

Plus 8 Words

I don't ~

care	❶ 나는 그것에 대해 **신경 쓰지** 않아요.
feel	❷ 나는 그걸 **느끼지** 못하겠어요.
enjoy	❸ 나는 그걸 **즐기지** 않아요.
regret	❹ 나는 그걸 **후회하지** 않아요.
trust	❺ 나는 그를 **신뢰하지** 않아요.
forget	❻ 나는 그를 **잊지** 않아요.
want	❼ 나는 당신을 **원하지** 않아요.
remember	❽ 나는 당신이 **기억나지** 않아요.

감정과 제스처를 곁들여 10번 이상 반복해서 크게 말해 보세요.

Plus 8 Words

발음 확인: www.youtube.com/이근철tv

신경 쓰다	❶ I don't **care** about it. 나는 그것에 대해 **신경 쓰지** 않아요.
느끼다	❷ I don't **feel** it. 나는 그걸 **느끼지** 못하겠어요.
즐기다	❸ I don't **enjoy** it. 나는 그걸 **즐기지** 않아요.
후회하다	❹ I don't **regret** it. 나는 그걸 **후회하지** 않아요.
신뢰하다	❺ I don't **trust** him. 나는 그를 **신뢰하지** 않아요.
잊다	❻ I don't **forget** him. 나는 그를 **잊지** 않아요.
원하다	❼ I don't **want** you. 나는 당신을 **원하지** 않아요.
기억하다	❽ I don't **remember** you. 나는 당신이 **기억나지** 않아요.

UNIT 15 What can you do?

DAY-15

그림을 보고 상황을 떠올리며 오른쪽 단어를 크게 말해보세요. (정확한 발음 확인 후 10번 이상 반복)

① find

② keep

③ finish

④ help

⑤ call

⑥ meet

★단어 및 문장의 정확한 발음은 www.youtube.com/이근철tv에서 확인하세요.

~할[해줄] 수 있어요? Can you ~ ? / Could you ~ ?

그림의 단어를 제목의 패턴과 연결하여 문장을 만들어 보세요. (영어 문장은 다음 페이지에서 확인)

find	❶ 그걸 **찾을** 수 있어요?
keep	❷ 그걸 **보관해줄** 수 있어요?
finish	❸ 그걸 **끝마칠** 수 있어요?
help	❹ 나를 **도와줄** 수 있을까요?
call	❺ 나에게 **전화해줄** 수 있을까요?
meet	❻ 나와 **만날** 수 있을까요?

Can you ~ ? / Could you ~ ? ~할[해줄] 수 있어요?

감정과 제스처를 곁들여 문장을 10번 이상 반복해서 크게 말해보세요.

발음 확인: www.youtube.com/이근철tv

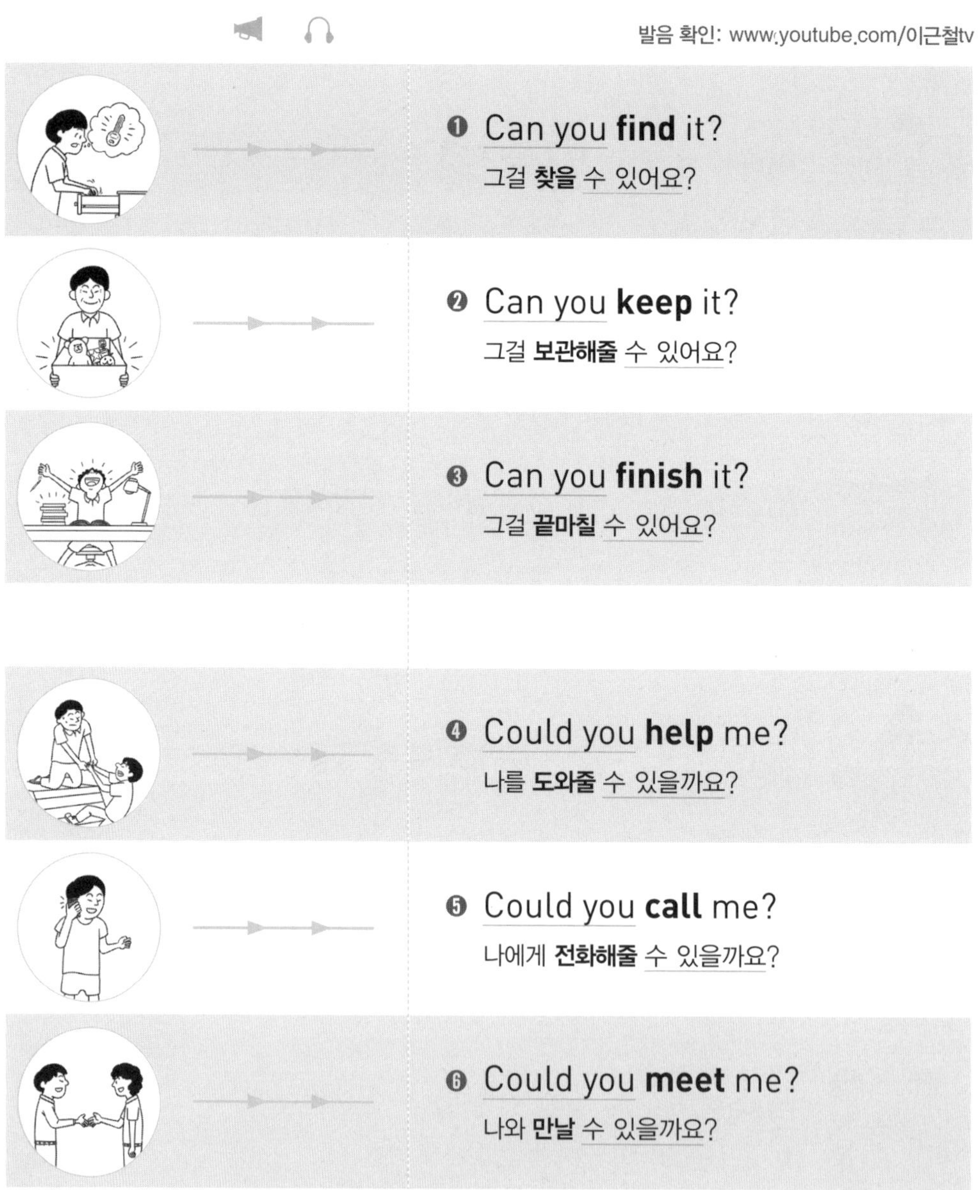

❶ Can you **find** it?
그걸 **찾을** 수 있어요?

❷ Can you **keep** it?
그걸 **보관해줄** 수 있어요?

❸ Can you **finish** it?
그걸 **끝마칠** 수 있어요?

❹ Could you **help** me?
나를 **도와줄** 수 있을까요?

❺ Could you **call** me?
나에게 **전화해줄** 수 있을까요?

❻ Could you **meet** me?
나와 **만날** 수 있을까요?

~할[해줄] 수 있어요? (II) Can you ~ ? / Could you ~ ?

이번에는 추가 패턴을 이용해서 문장을 만들어 보세요. (영어 문장은 다음 페이지에서 확인)

find	❶ 열쇠를 **찾을** 수 있어요?
keep	❷ 비밀을 **지켜줄** 수 있어요?
finish	❸ 숙제를 **끝마칠** 수 있어요?

help	❹ 내일 나를 **도와줄** 수 있을까요?
call	❺ 내일 나에게 **전화해줄** 수 있을까요?
meet	❻ 내일 나와 **만날** 수 있을까요?

Wrap It Up

A: 비밀을 하나 지킬 **수 있겠어**?
B: 못 하겠어. 내게 아무 말도 하지 마.

Can you ~ ? / Could you ~ ? (II) ~할[해줄] 수 있어요?

감정과 제스처를 곁들여 10번 이상 반복해서 크게 말해 보세요.

발음 확인: www.youtube.com/이근철tv

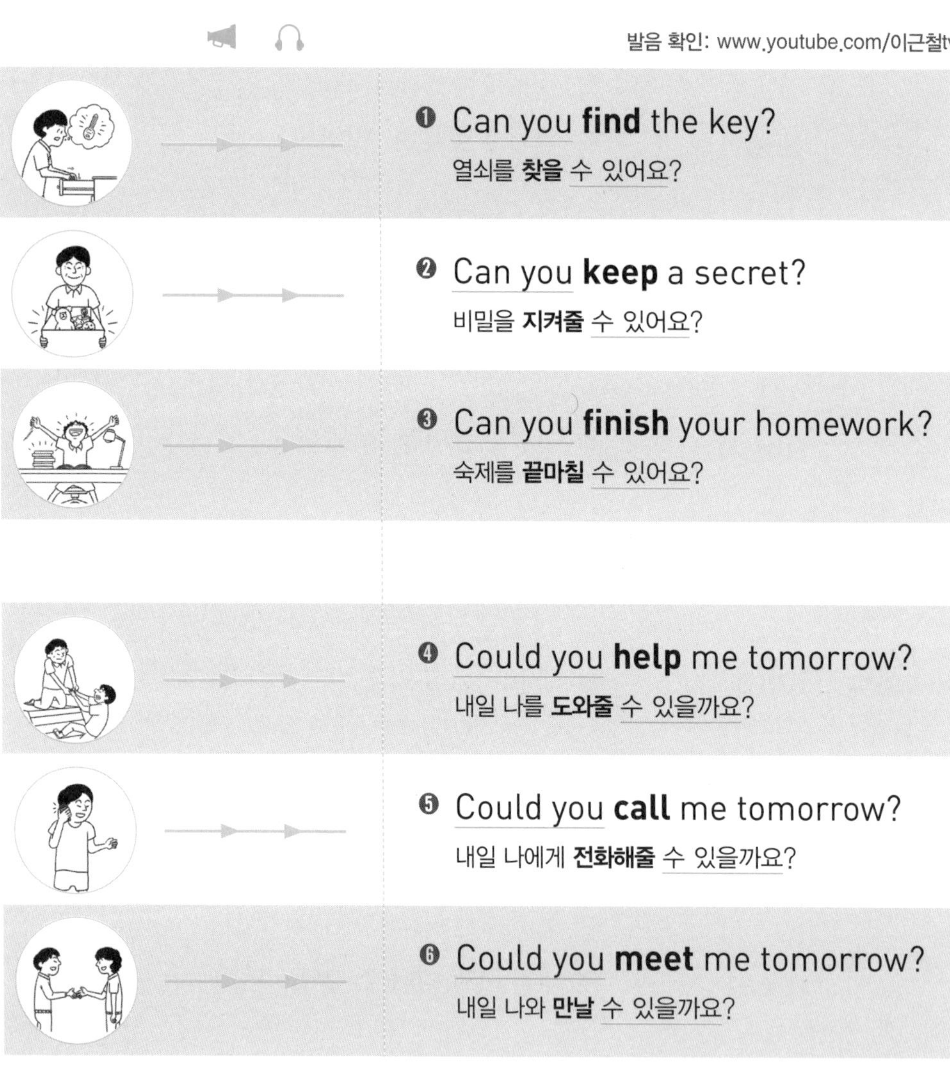

❶ Can you **find** the key?
열쇠를 **찾을** 수 있어요?

❷ Can you **keep** a secret?
비밀을 **지켜줄** 수 있어요?

❸ Can you **finish** your homework?
숙제를 **끝마칠** 수 있어요?

❹ Could you **help** me tomorrow?
내일 나를 **도와줄** 수 있을까요?

❺ Could you **call** me tomorrow?
내일 나에게 **전화해줄** 수 있을까요?

❻ Could you **meet** me tomorrow?
내일 나와 **만날** 수 있을까요?

Wrap It Up

A: Can you keep a secret? 비밀을 하나 지킬 **수 있겠어**?

B: I can't. Don't tell me anything. 못 하겠어. 내게 아무 말도 하지 마.

Choose the correct one!

두 문장 중 올바르게 말한 문장을 골라보세요. (정답은 페이지 하단에서 확인)

1 
(A) Can you find it?
(B) Can you it find?

2 
(A) Could you me call?
(B) Could you call me?

3 
(A) Can you keep a secret?
(B) Can you a secret keep?

4 
(A) Are you can finish it?
(B) Can you finish it?

5 
(A) Could you help me?
(B) You could me help?

6 
(A) Could you meet me?
(B) Could you me meet?

Answer

1. (A) 2. (B) 3. (A) 4. (B) 5. (A) 6. (A)

보너스 단어를 활용하여 문장을 만들어보세요. (영어 문장은 다음 페이지에서 확인)

Plus 8 Words

Can you~? / Could you~?

pay	❶ 나에게 **지불해줄** 수 있나요?
teach	❷ 나를 **가르쳐줄** 수 있나요?
follow	❸ 나를 **따라올** 수 있나요?(따라오실래요?)
show	❹ 나에게 사랑을 **보여줄** 수 있나요?
fix	❺ 그걸 **고쳐줄** 수 있을까요?
make	❻ 그걸 **만들(해낼)** 수 있을까요?
share	❼ 그걸 **공유해줄** 수 있을까요?
handle	❽ 그걸 **처리할** 수 있을까요?

감정과 제스처를 곁들여 10번 이상 반복해서 크게 말해 보세요.

Plus 8 Words

발음 확인: www.youtube.com/이근철tv

지불하다	❶ Can you **pay** me? 나에게 **지불해줄** 수 있나요?
가르치다	❷ Can you **teach** me? 나를 **가르쳐줄** 수 있나요?
뒤를 따르다	❸ Can you **follow** me? 나를 **따라올** 수 있나요?(따라오실래요?)
보여주다	❹ Can you **show** me love? 나에게 사랑을 **보여줄** 수 있나요?
고치다	❺ Could you **fix** it? 그걸 **고쳐줄** 수 있을까요?
만들다	❻ Could you **make** it? 그걸 **만들**(해낼) 수 있을까요?
공유하다	❼ Could you **share** it? 그걸 **공유해줄** 수 있을까요?
처리하다	❽ Could you **handle** it? 그걸 **처리할** 수 있을까요?

Step1
Words & Emotions

UNIT 16 What can I do?

DAY-16

그림을 보고 상황을 떠올리며 오른쪽 단어를 크게 말해보세요. (정확한 발음 확인 후 10번 이상 반복)

① **tell**

② **have**

③ **bring**

④ **ask**

⑤ **change**

⑥ **buy**

★단어 및 문장의 정확한 발음은 www.youtube.com/이근철tv에서 확인하세요.

(제가) ~해도 될까요? Can I ~ ?

그림의 단어를 제목의 패턴과 연결하여 문장을 만들어 보세요. (영어 문장은 다음 페이지에서 확인)

tell	❶ 진실을 **말해도** 될까요?
have	❷ 물을 좀 **마실** 수 있을까요?
bring	❸ 제 친구들을 **데려와도** 될까요?
ask	❹ 뭐 좀 **물어봐도** 될까요?
change	❺ 날짜를 **바꿔도** 될까요?
buy	❻ 그걸 온라인으로 **살** 수 있을까요?

Can I ~ ?

(제가) ~해도 될까요?

감정과 제스처를 곁들여 문장을 10번 이상 반복해서 크게 말해보세요.

발음 확인: www.youtube.com/이근철tv

❶ Can I **tell** you the truth?
진실을 **말해도** 될까요?

❷ Can I **have** some water?
물을 좀 **마실** 수 있을까요?

❸ Can I **bring** my friends?
제 친구들을 **데려와도** 될까요?

❹ Can I **ask** you something?
뭐 좀 **물어봐도** 될까요?

❺ Can I **change** the date?
날짜를 **바꿔도** 될까요?

❻ Can I **buy** it online?
그걸 온라인으로 **살** 수 있을까요?

(우리가) ~해도 될까요? Can we ~ ?

이번에는 추가 패턴을 이용해서 문장을 만들어 보세요. (영어 문장은 다음 페이지에서 확인)

tell	❶ 진실을 나중에 **말해줘도** 될까요?
have	❷ 물을 좀 **마실** 수 있을까요?(갖다주시겠어요?)
bring	❸ 우리 친구들을 **데려와도** 될까요?
ask	❹ 질문을 **해도** 될까요?
change	❺ 장소를 **바꿔도** 될까요?
buy	❻ 입장권을 온라인으로 **살** 수 있을까요?

Wrap It Up

A: 내 친구들을 데려가**도 될까**?

B: 물론이지.

Can we ~ ?

(우리가) ~해도 될까요?

감정과 제스처를 곁들여 10번 이상 반복해서 크게 말해 보세요.

발음 확인: www.youtube.com/이근철tv

❶ Can we **tell** you the truth later?
진실을 나중에 **말해줘도** 될까요?

❷ Can we **have** some water please?
물을 좀 **마실** 수 있을까요?(갖다주시겠어요?)

❸ Can we **bring** our friends?
우리 친구들을 **데려와도** 될까요?

❹ Can we **ask** you questions?
질문을 **해도** 될까요?

❺ Can we **change** the place?
장소를 **바꿔도** 될까요?

❻ Can we **buy** the tickets online?
입장권을 온라인으로 **살** 수 있을까요?

Wrap It Up

A: **Can I** bring my friends? 내 친구들을 데려가**도 될까**?
B: Sure. 물론이지.

Choose the correct one!

두 문장 중 올바르게 말한 문장을 골라보세요. (정답은 페이지 하단에서 확인)

1 

(A) Can I have some water?

(B) Can I some water have?

2 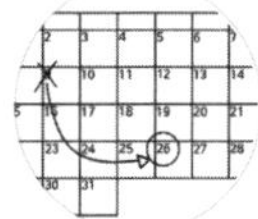

(A) Can we change the place?

(B) Can change we the place?

3 

(A) Can buy we the tickets online?

(B) Can we buy the tickets online?

4 

(A) Can I the truth tell you?

(B) Can I tell you the truth?

5 

(A) Can I bring my friends?

(B) I my friends bring can?

6 

(A) Can I you ask something?

(B) Can I ask you something?

Answer

1. (A) 2. (A) 3. (B) 4. (B) 5. (A) 6. (B)

Step 5
Plus 8 Words & Sentences

보너스 단어를 활용하여 문장을 만들어보세요. (영어 문장은 다음 페이지에서 확인)

Plus 8 Words

Can I~? / Can we~?

join	❶ 나도 **합류해도** 될까요?
speak	❷ 지금 **이야기해도** 될까요?
pick	❸ 내가 이름을 **골라도** 될까요?
hold	❹ 손을 **잡아도** 될까요?
choose	❺ 우리가 번호를 **선택해도** 될까요?
practice	❻ 우리 함께 **연습해도** 될까요?
explain	❼ 우리가 이유를 **설명해도** 될까요?
continue	❽ 우리가 그 이야기를 **계속해도** 될까요?

감정과 제스처를 곁들여 10번 이상 반복해서 크게 말해 보세요.

Plus 8 Words

발음 확인: www.youtube.com/이근철tv

합류하다	❶ Can I **join** you? 나도 **합류해도** 될까요?
말하다	❷ Can I **speak** now? 지금 **이야기할** 수 있을까요?
고르다	❸ Can I **pick** the name? 내가 이름을 **골라도** 될까요?
잡다, 쥐다	❹ Can I **hold** your hand? 손을 **잡아도** 될까요?
선택하다	❺ Can we **choose** the number? 우리가 번호를 **선택해도** 될까요?
연습하다	❻ Can we **practice** together? 우리 함께 **연습해도** 될까요?
설명하다	❼ Can we **explain** why? 우리가 이유를 **설명해도** 될까요?
계속하다	❽ Can we **continue** the story? 우리가 그 이야기를 **계속해도** 될까요?

UNIT 17 What am I allowed to do?

DAY-17

그림을 보고 상황을 떠올리며 오른쪽 단어를 크게 말해보세요. (정확한 발음 확인 후 10번 이상 반복)

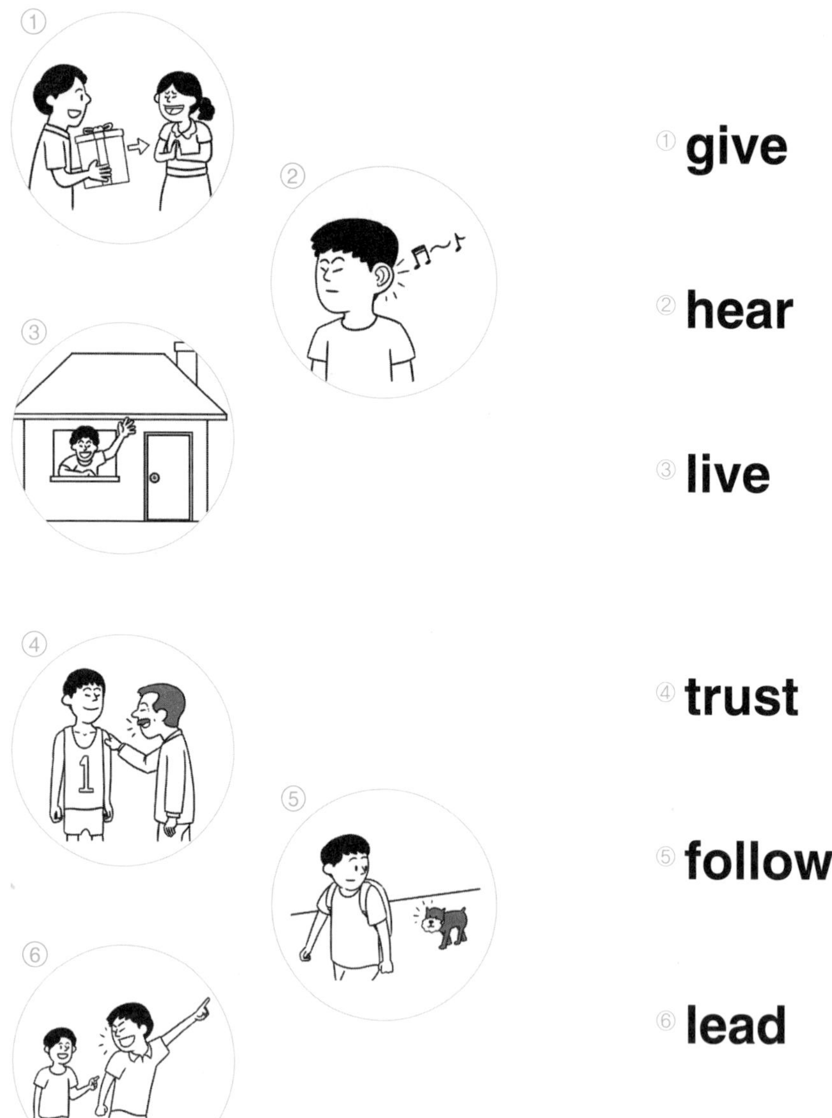

① give

② hear

③ live

④ trust

⑤ follow

⑥ lead

★단어 및 문장의 정확한 발음은 www.youtube.com/이근철tv에서 확인하세요.

(나는) ~할 수 있어요 I can ~

그림의 단어를 제목의 패턴과 연결하여 문장을 만들어 보세요. (영어 문장은 다음 페이지에서 확인)

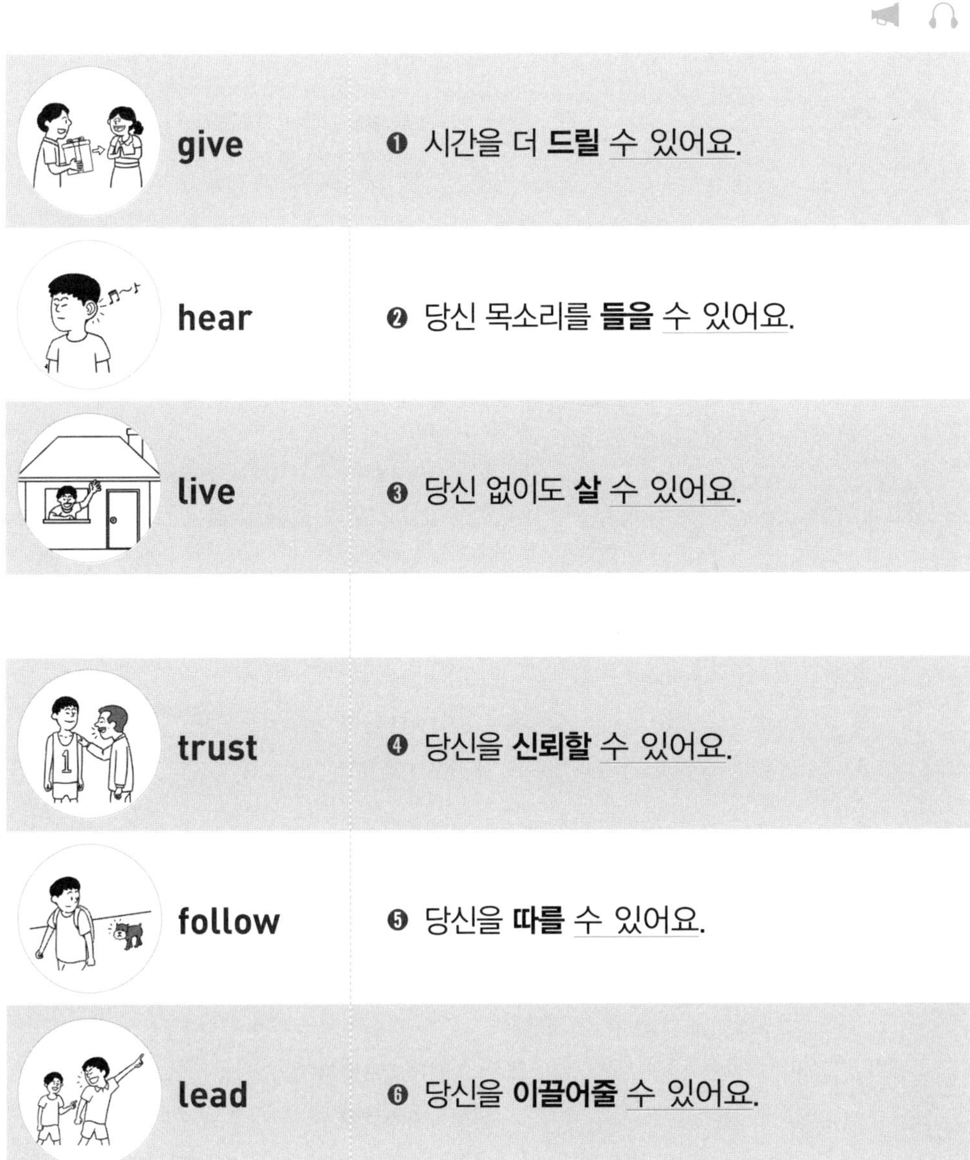

give	❶ 시간을 더 **드릴** 수 있어요.
hear	❷ 당신 목소리를 **들을** 수 있어요.
live	❸ 당신 없이도 **살** 수 있어요.
trust	❹ 당신을 **신뢰할** 수 있어요.
follow	❺ 당신을 **따를** 수 있어요.
lead	❻ 당신을 **이끌어줄** 수 있어요.

I can ~

(나는) ~할 수 있어요

감정과 제스처를 곁들여 문장을 10번 이상 반복해서 크게 말해보세요.

발음 확인: www.youtube.com/이근철tv

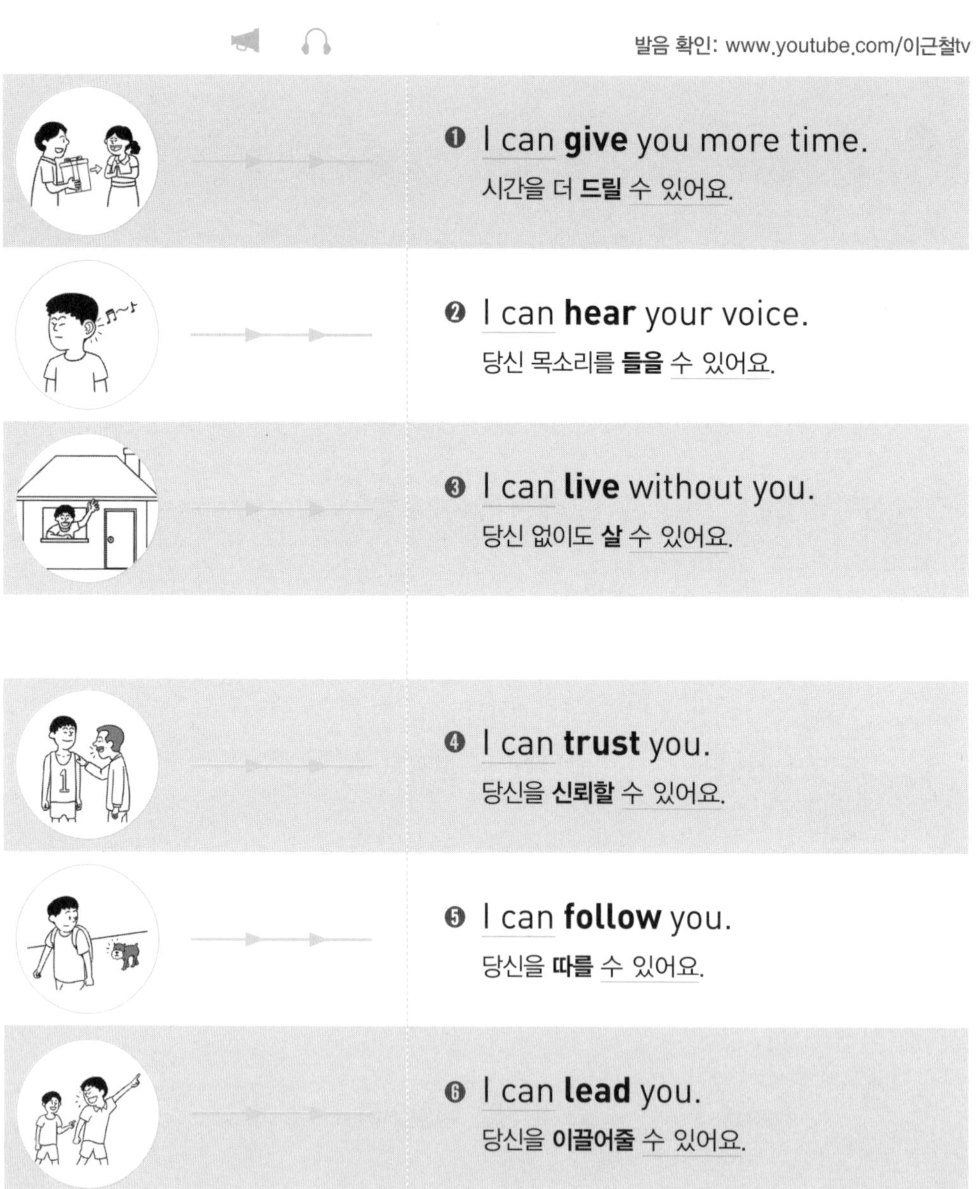

❶ I can **give** you more time.
시간을 더 **드릴** 수 있어요.

❷ I can **hear** your voice.
당신 목소리를 **들을** 수 있어요.

❸ I can **live** without you.
당신 없이도 **살** 수 있어요.

❹ I can **trust** you.
당신을 **신뢰할** 수 있어요.

❺ I can **follow** you.
당신을 **따를** 수 있어요.

❻ I can **lead** you.
당신을 **이끌어줄** 수 있어요.

(나는) ~할 수 없어요　I cannot ~ / I can't ~

이번에는 추가 패턴을 이용해서 문장을 만들어 보세요. (영어 문장은 다음 페이지에서 확인)

give	❶ 시간을 더 **드릴** 수 없어요.
hear	❷ 당신 목소리를 **들을** 수 없어요.
live	❸ 당신 없이는 **살** 수 없어요.

trust	❹ 더 이상 당신을 **신뢰할** 수 없어요.
follow	❺ 더 이상 당신을 **따를** 수 없어요.
lead	❻ 더 이상 당신을 **이끌어줄** 수 없어요.

Wrap It Up

A: 네 목소리가 들리**지 않아**.
B: 더는 목소리를 높일 **수 없어**.

I cannot ~ / I can't ~ (나는) ~할 수 없어요

감정과 제스처를 곁들여 10번 이상 반복해서 크게 말해 보세요.

발음 확인: www.youtube.com/이근철tv

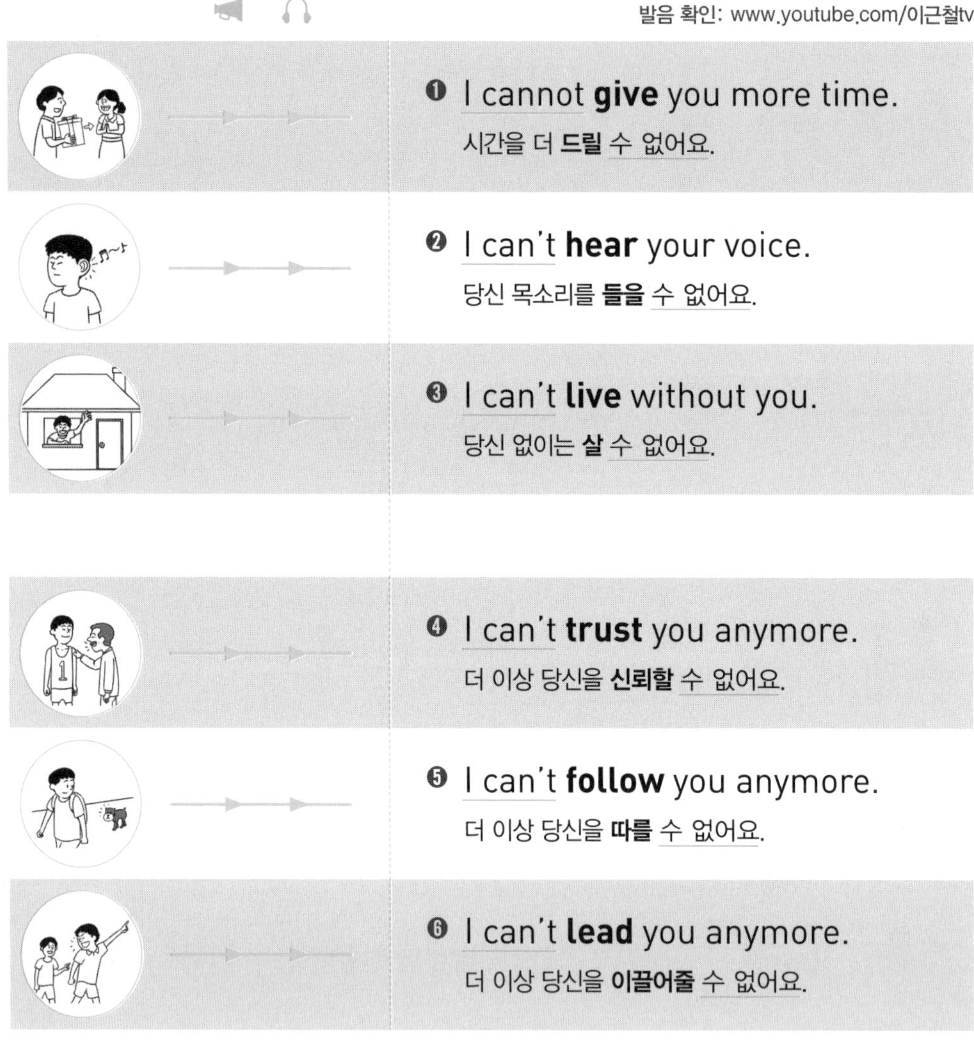

❶ I cannot **give** you more time.
시간을 더 **드릴** 수 없어요.

❷ I can't **hear** your voice.
당신 목소리를 **들을** 수 없어요.

❸ I can't **live** without you.
당신 없이는 **살** 수 없어요.

❹ I can't **trust** you anymore.
더 이상 당신을 **신뢰할** 수 없어요.

❺ I can't **follow** you anymore.
더 이상 당신을 **따를** 수 없어요.

❻ I can't **lead** you anymore.
더 이상 당신을 **이끌어줄** 수 없어요.

Wrap It Up

A: I can't hear your voice. 네 목소리가 들리**지 않아**.

B: I can't raise my voice anymore. 더는 목소리를 높일 **수 없어**.

Choose the correct one!

두 문장 중 올바르게 말한 문장을 골라보세요. (정답은 페이지 하단에서 확인)

1 

(A) I can give you more time.
(B) I give can you more time.

2 

(A) I can't not live without you.
(B) I can't live without you.

3 

(A) I can't trust you anymore.
(B) I can trust not you anymore.

4 

(A) I can't hear your voice.
(B) I can't your voice hear.

5 

(A) I am trust you.
(B) I can trust you.

6 

(A) I can lead you.
(B) I you lead can.

Answer

1. (A) 2. (B) 3. (A) 4. (A) 5. (B) 6. (A)

보너스 단어를 활용하여 문장을 만들어보세요. (영어 문장은 다음 페이지에서 확인)

Plus 8 Words

I can ~ / I can't ~

Plus 8 Words	
send	❶ 지금 바로 **보내드릴** 수 있어요.
check	❷ 당신을 위해 **확인해드릴** 수 있어요.
answer	❸ 그 질문에 **답변해드릴** 수 있어요.
understand	❹ 그건 **이해할** 수 있어요.
lie	❺ 더 이상 **거짓말할** 수 없어요.
sing	❻ 더 이상 **노래할** 수 없어요.
move	❼ 더 이상 **움직일** 수 없어요.
carry	❽ 더 이상 이걸 **가지고 다닐** 수 없어요.

감정과 제스처를 곁들여 10번 이상 반복해서 크게 말해 보세요.

Plus 8 Words

발음 확인: www.youtube.com/이근철tv

보내다	❶ I can **send** it right away. 지금 바로 **보내드릴** 수 있어요.
확인하다	❷ I can **check** it for you. 당신을 위해 **확인해드릴** 수 있어요.
대답하다	❸ I can **answer** that question. 그 질문에 **답변해드릴** 수 있어요.
이해하다	❹ I can **understand** it. 그건 **이해할** 수 있어요.
거짓말하다	❺ I can't **lie** anymore. 더 이상 **거짓말할** 수 없어요.
노래하다	❻ I can't **sing** anymore. 더 이상 **노래할** 수 없어요.
움직이다	❼ I can't **move** anymore. 더 이상 **움직일** 수 없어요.
가지고 다니다	❽ I can't **carry** this anymore. 더 이상 이걸 **가지고 다닐** 수 없어요.

UNIT 18 What did you do?

DAY-18

그림을 보고 상황을 떠올리며 오른쪽 단어를 크게 말해보세요. (정확한 발음 확인 후 10번 이상 반복)

① **sleep**

② **enjoy**

③ **brush**

④ **leave**

⑤ **copy**

⑥ **take**

★단어 및 문장의 정확한 발음은 www.youtube.com/이근철tv에서 확인하세요.

~했어요? Did you ~ ?

그림의 단어를 제목의 패턴과 연결하여 문장을 만들어 보세요. (영어 문장은 다음 페이지에서 확인)

sleep	❶ 잘 **잤**어요?
enjoy	❷ 저녁 **맛있게 먹었**어요?
brush	❸ 이 **닦았**어요?
leave	❹ 메시지 **남겼**어요?
copy	❺ 그 파일 **복사했**어요?
take	❻ 약 **먹었**어요?

Did you ~ ?

감정과 제스처를 곁들여 문장을 10번 이상 반복해서 크게 말해보세요.

발음 확인: www.youtube.com/이근철tv

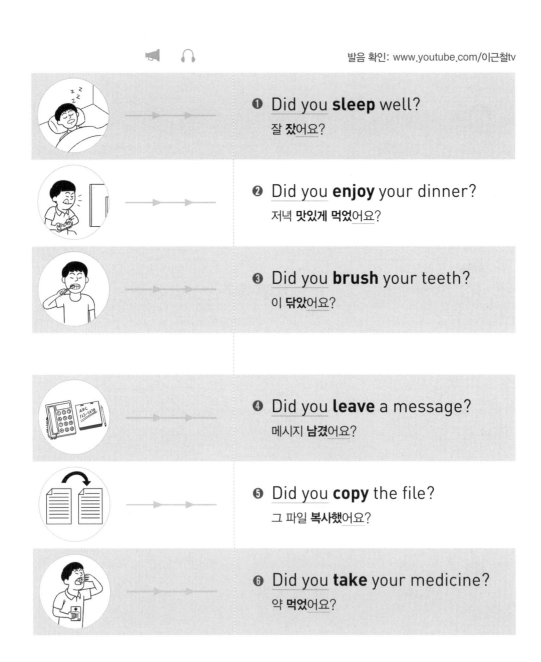

❶ Did you **sleep** well?
잘 **잤**어요?

❷ Did you **enjoy** your dinner?
저녁 **맛있게 먹었**어요?

❸ Did you **brush** your teeth?
이 **닦았**어요?

❹ Did you **leave** a message?
메시지 **남겼**어요?

❺ Did you **copy** the file?
그 파일 **복사했**어요?

❻ Did you **take** your medicine?
약 **먹었**어요?

(내가) ~했나요? Did I ~ ?

이번에는 추가 패턴을 이용해서 문장을 만들어 보세요. (영어 문장은 다음 페이지에서 확인)

sleep	❶ (제가) 잘 **잤**느냐고요?
enjoy	❷ (제가) 저녁을 **맛있게 먹었**느냐고요?
brush	❸ (제가) 이를 **닦았**느냐고요?

leave	❹ 제가 메시지를 **남겼**던가요?
copy	❺ 제가 그 파일을 **복사했**던가요?
take	❻ 제가 약을 **먹었**던가요?

A: 저녁 맛있게 먹**었어**?
B: 응. 정말 환상적이었어.

Did I ~ ?

(내가) ~했나요?

감정과 제스처를 곁들여 10번 이상 반복해서 크게 말해 보세요.

발음 확인: www.youtube.com/이근철tv

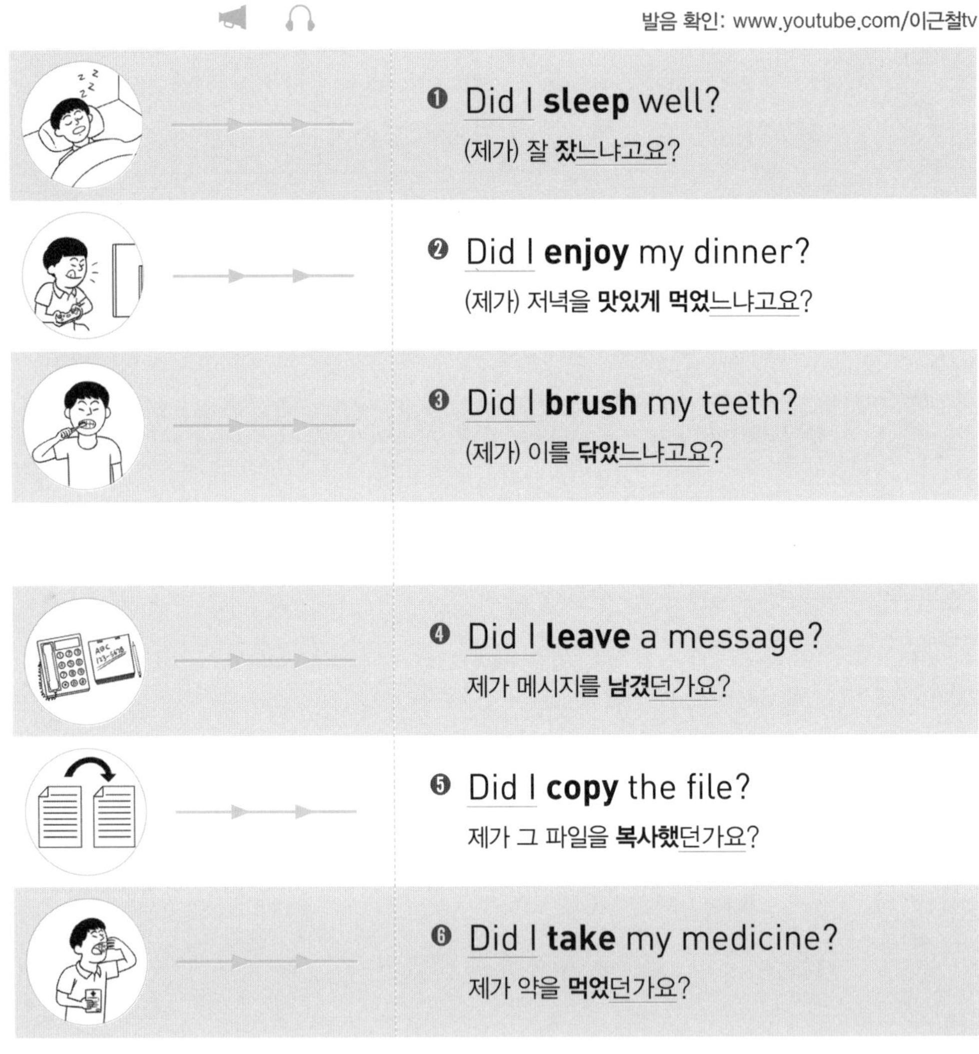

❶ Did I **sleep** well?
(제가) 잘 **잤**느냐고요?

❷ Did I **enjoy** my dinner?
(제가) 저녁을 **맛있게 먹었**느냐고요?

❸ Did I **brush** my teeth?
(제가) 이를 **닦았**느냐고요?

❹ Did I **leave** a message?
제가 메시지를 **남겼**던가요?

❺ Did I **copy** the file?
제가 그 파일을 **복사했**던가요?

❻ Did I **take** my medicine?
제가 약을 **먹었**던가요?

Wrap It Up

A: **Did you** enjoy your dinner? 저녁 맛있게 먹**었어**?

B: Yes, it was fantastic. 응. 정말 환상적이었어.

Choose the correct one!

두 문장 중 올바르게 말한 문장을 골라보세요. (정답은 페이지 하단에서 확인)

1 
(A) Did you enjoyed your dinner?
(B) Did you enjoy your dinner?

2 
(A) Are you take your medicine?
(B) Did you take your medicine?

3 
(A) Did I brush my teeth?
(B) Did I my teeth brush?

4 
(A) Did you sleep well?
(B) You sleep did well.

5 
(A) Did you do leave a message?
(B) Did you leave a message?

6 
(A) Did I copy the file?
(B) Do I copied the file?

Answer

1. (B) 2. (B) 3. (A) 4. (A) 5. (B) 6. (A)

보너스 단어를 활용하여 문장을 만들어보세요. (영어 문장은 다음 페이지에서 확인)

Plus 8 Words

Did you ~ ?

wash	❶ 머리 **감았**어요?
lock	❷ 문 **잠갔**어요?
receive	❸ 책 **받았**어요?
talk	❹ 탐과 **이야기했**어요?
go	❺ 제가 그 파티에 **갔**느냐고요?
visit	❻ 제가 탐을 **찾아갔**느냐고요?
think	❼ 제가 그것에 대해 **생각해봤**느냐고요?
apologize	❽ 제가 탐에게 **사과했**느냐고요?

감정과 제스처를 곁들여 10번 이상 반복해서 크게 말해 보세요.

Plus 8 Words

발음 확인: www.youtube.com/이근철tv

씻다	❶ Did you **wash** your hair? 머리 **감았**어요?
잠그다	❷ Did you **lock** the door? 문 **잠갔**어요?
받다	❸ Did you **receive** the book? 책 **받았**어요?
말하다	❹ Did you **talk** to Tom? 탐과 **이야기했**어요?
가다	❺ Did I **go** to the party? 제가 그 파티에 **갔**느냐고요?
방문하다	❻ Did I **visit** Tom? 제가 탐을 **찾아갔**느냐고요?
생각하다	❼ Did I **think** about it? 제가 그것에 대해 **생각해봤**느냐고요?
사과하다	❽ Did I **apologize** to Tom? 제가 탐에게 **사과했**느냐고요?

Step1
Words & Emotions

UNIT 19 What did I do?

DAY-19

그림을 보고 상황을 떠올리며 오른쪽 단어를 크게 말해보세요. (정확한 발음 확인 후 10번 이상 반복)

① **met** (meet)

② **texted** (text)

③ **told** (tell)

④ **started** (start)

⑤ **lost** (lose)

⑥ **spent** (spend)

★단어 및 문장의 정확한 발음은 www.youtube.com/이근철tv에서 확인하세요.

(나는) ~했어요 I did ~

그림의 단어를 제목의 패턴과 연결하여 문장을 만들어 보세요. (영어 문장은 다음 페이지에서 확인)

met (meet)	❶ 어제 그녀를 **만났**어요.
texted (text)	❷ 어제 그녀에게 **문자를 보냈**어요.
told (tell)	❸ 어제 그녀에게 이유를 **이야기했**어요.
started (start)	❹ 어제 그걸 **시작했**어요.
lost (lose)	❺ 어제 그걸 **잃어버렸**어요.
spent (spend)	❻ 어제 그걸 **썼**어요.

I did ~

(나는) ~했어요

감정과 제스처를 곁들여 문장을 10번 이상 반복해서 크게 말해보세요.

발음 확인: www.youtube.com/이근철tv

❶ I **met** her yesterday.
어제 그녀를 **만났**어요.

❷ I **texted** her yesterday.
어제 그녀에게 **문자를 보냈**어요.

❸ I **told** her why yesterday.
어제 그녀에게 이유를 **이야기했**어요.

❹ I **started** it yesterday.
어제 그걸 **시작했**어요.

❺ I **lost** it yesterday.
어제 그걸 **잃어버렸**어요.

❻ I **spent** it yesterday.
어제 그걸 **썼**어요.

(나는) ~했어요 (II)

I did ~

이번에는 추가 패턴을 이용해서 문장을 만들어 보세요. (영어 문장은 다음 페이지에서 확인)

met (meet) ❶ 어제 에이미를 **만났**어요.

texted (text) ❷ 어제 제니에게 **문자를 보냈**어요.

told (tell) ❸ 어제 헬렌에게 이유를 **이야기했**어요.

started (start) ❹ 어제 요가를 **시작했**어요.

lost (lose) ❺ 어제 전화기를 **잃어버렸**어요.

spent (spend) ❻ 어제 돈을 다 **썼**어요.

Wrap It Up

A: 어제 요가를 **시작했어**.

B: 정말? 나도 어제 요가수업 **시작했는데**.

I did ~ (II)

감정과 제스처를 곁들여 10번 이상 반복해서 크게 말해 보세요.

발음 확인: www.youtube.com/이근철tv

❶ I **met** Amy yesterday.
어제 에이미를 **만났**어요.

❷ I **texted** Jenny yesterday.
어제 제니에게 **문자를 보냈**어요.

❸ I **told** Helen why yesterday.
어제 헬렌에게 이유를 **이야기했**어요.

❹ I **started** yoga yesterday.
어제 요가를 **시작했**어요.

❺ I **lost** my phone yesterday.
어제 전화기를 **잃어버렸**어요.

❻ I **spent** all my money yesterday.
어제 돈을 다 **썼**어요.

Wrap It Up

A: **I started** yoga yesterday. 어제 요가를 **시작했어**.

B: Really? **I started** my yoga class yesterday, too.
정말? 나도 어제 요가수업 **시작했는데**.

Choose the correct one!

두 문장 중 올바르게 말한 문장을 골라보세요. (정답은 페이지 하단에서 확인)

1 
(A) I met her yesterday.
(B) I meet her yesterday.

2 
(A) I told Helen why yesterday.
(B) I tell Helen why yesterday.

3 
(A) I losed my phone yesterday.
(B) I lost my phone yesterday.

4 
(A) I her texted yesterday.
(B) I texted her yesterday.

5 
(A) I yoga yesterday started.
(B) I started yoga yesterday.

6 
(A) I spent my money yesterday.
(B) I spend my money yesterday.

Answer

1. (A) 2. (A) 3. (B) 4. (B) 5. (B) 6. (A)

보너스 단어를 활용하여 문장을 만들어보세요. (영어 문장은 다음 페이지에서 확인)

Plus 8 Words

I did ~

hit (hit)	❶ 난 어제 홈런을 **쳤**어요.
broke (break)	❷ 난 어제 손가락이 **부러졌**어요.
joined (join)	❸ 난 어제 동아리에 **가입했**어요.
waited (wait)	❹ 난 어제 두 시간 **기다렸**어요.
gave (give)	❺ 난 어제 그에게 열쇠를 **줬**어요.
showed (show)	❻ 난 어제 그에게 길을(방법을) **알려줬**어요.
tried (try)	❼ 난 어제 그걸 여러 번 **시도했**어요.
caught (catch)	❽ 난 어제 소매치기를 **잡았**어요.

감정과 제스처를 곁들여 10번 이상 반복해서 크게 말해 보세요.

Plus 8 Words

발음 확인: www.youtube.com/이근철tv

쳤다 (치다)	❶ I **hit** a home run yesterday. 난 어제 홈런을 **쳤**어요.
부러졌다 (부러지다)	❷ I **broke** my finger yesterday. 난 어제 손가락이 **부러졌**어요.
가입했다 (가입하다)	❸ I **joined** the club yesterday. 난 어제 동아리에 **가입했**어요.
기다렸다 (기다리다)	❹ I **waited** 2 hours yesterday. 난 어제 두 시간 **기다렸**어요.
주었다 (주다)	❺ I **gave** him the key yesterday. 난 어제 그에게 열쇠를 **줬**어요.
보여줬다 (보여주다)	❻ I **showed** him the way yesterday. 난 어제 그에게 길을(방법을) **알려줬**어요.
시도했다 (시도하다)	❼ I **tried** it many times yesterday. 난 어제 그걸 여러 번 **시도했**어요.
잡았다 (잡다)	❽ I **caught** a pickpocket yesterday. 난 어제 소매치기를 **잡았**어요.

UNIT 20 What did I not do?

그림을 보고 상황을 떠올리며 오른쪽 단어를 크게 말해보세요. (정확한 발음 확인 후 10번 이상 반복)

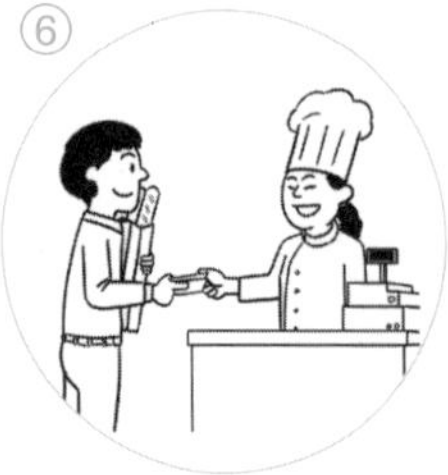

① **see**

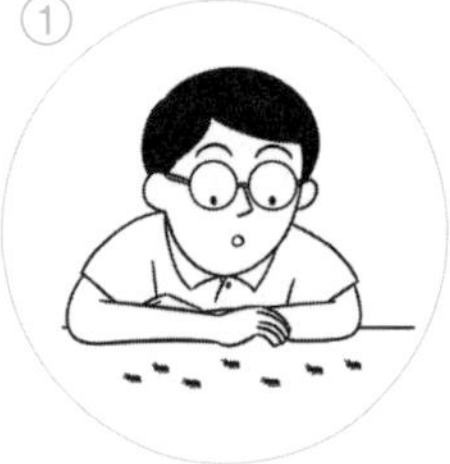

② **expect**

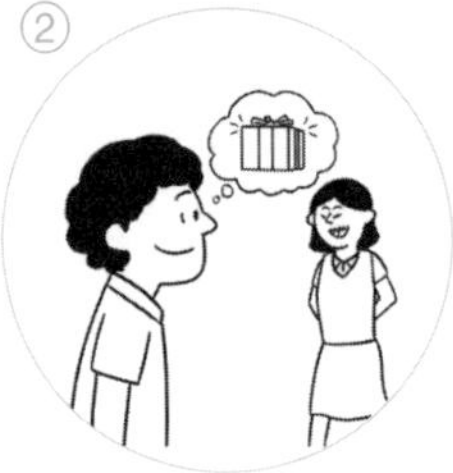

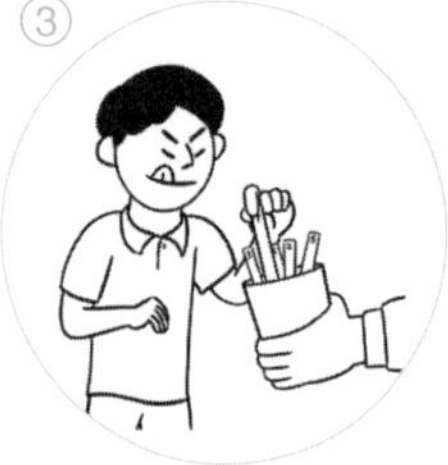

③ **pick**

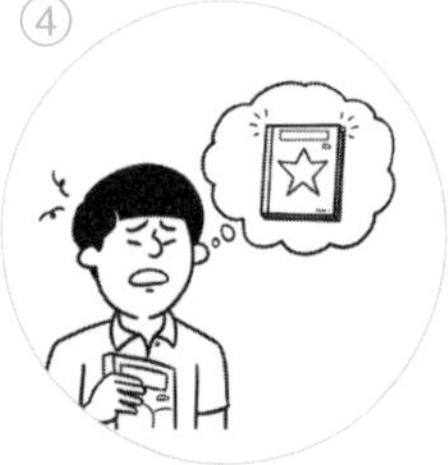

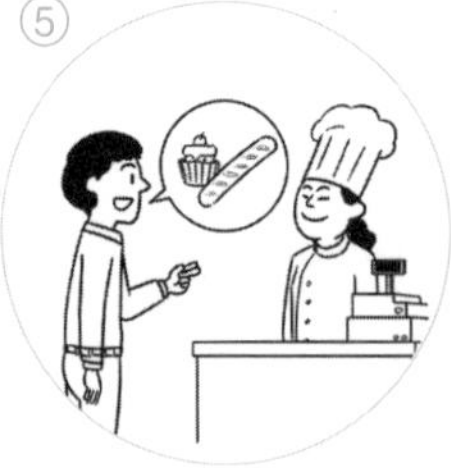

④ **want**

⑤ **order**

⑥ **pay**

★단어 및 문장의 정확한 발음은 www.youtube.com/이근철tv에서 확인하세요.

나는 ~하지 않았어요　I didn't ~

그림의 단어를 제목의 패턴과 연결하여 문장을 만들어 보세요. (영어 문장은 다음 페이지에서 확인)

see	❶ 나는 그걸 **보지** 못했어요.
expect	❷ 나는 그걸 **기대하지** 않았어요.
pick	❸ 나는 그걸 **고르지** 않았어요.
want	❹ 나는 이걸 **원하지** 않았어요.
order	❺ 나는 이걸 **주문하지** 않았어요.
pay	❻ 나는 이걸 **지불하지** 않았어요.

I didn't ~

나는 ~하지 않았어요

감정과 제스처를 곁들여 문장을 10번 이상 반복해서 크게 말해보세요.

발음 확인: www.youtube.com/이근철tv

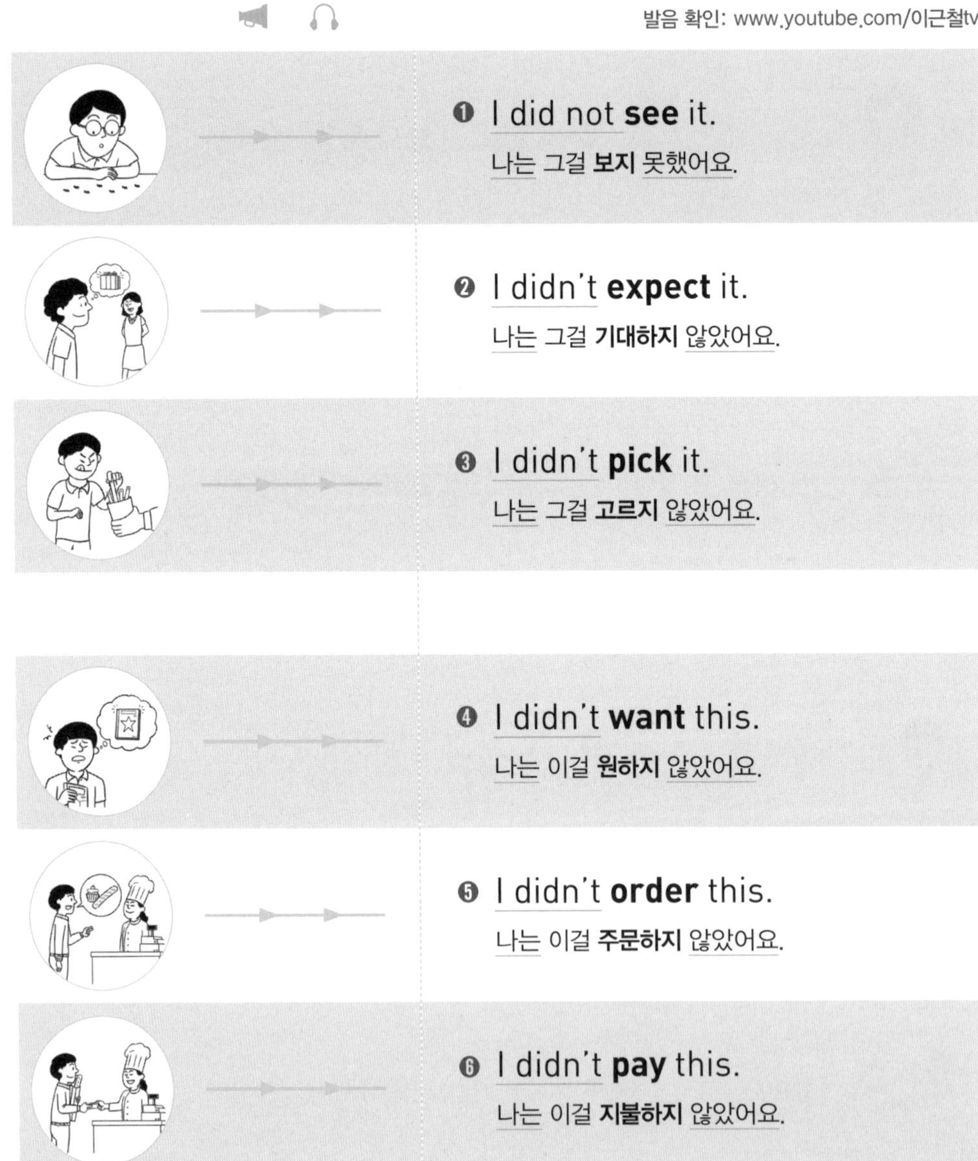

❶ I did not **see** it.
나는 그걸 **보지** 못했어요.

❷ I didn't **expect** it.
나는 그걸 **기대하지** 않았어요.

❸ I didn't **pick** it.
나는 그걸 **고르지** 않았어요.

❹ I didn't **want** this.
나는 이걸 **원하지** 않았어요.

❺ I didn't **order** this.
나는 이걸 **주문하지** 않았어요.

❻ I didn't **pay** this.
나는 이걸 **지불하지** 않았어요.

나는 ~하지 않았어요 (II) I didn't ~

이번에는 추가 패턴을 이용해서 문장을 만들어 보세요. (영어 문장은 다음 페이지에서 확인)

see	❶ 나는 당신 차를 **보지** 못했어요.
expect	❷ 나는 당신 방문을 **예상하지** 못했어요.
pick	❸ 나는 이 색을 **고르지** 않았어요.
want	❹ 나는 이 책을 **원하지** 않았어요.
 order	❺ 나는 이 음식을 **주문하지** 않았어요.
 pay	❻ 나는 이 청구서를 **지불하지** 않았어요.

Wrap It Up

A: 나 이 청구서를 지불하지 **않았어**.

B: 걱정 마. 내가 지불할게.

I didn't ~ (II)

나는 ~하지 않았어요

감정과 제스처를 곁들여 10번 이상 반복해서 크게 말해 보세요.

발음 확인: www.youtube.com/이근철tv

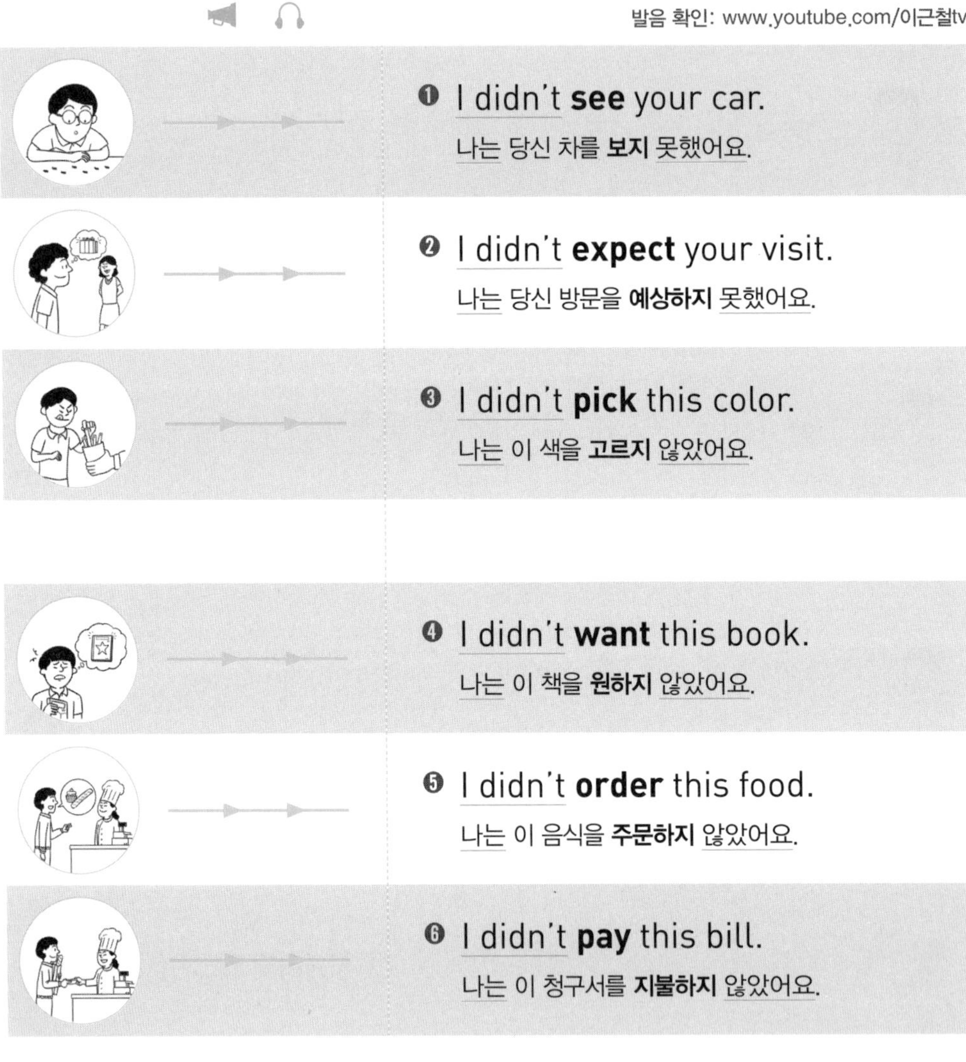

❶ I didn't **see** your car.
나는 당신 차를 **보지** 못했어요.

❷ I didn't **expect** your visit.
나는 당신 방문을 **예상하지** 못했어요.

❸ I didn't **pick** this color.
나는 이 색을 **고르지** 않았어요.

❹ I didn't **want** this book.
나는 이 책을 **원하지** 않았어요.

❺ I didn't **order** this food.
나는 이 음식을 **주문하지** 않았어요.

❻ I didn't **pay** this bill.
나는 이 청구서를 **지불하지** 않았어요.

Wrap It Up

A: I didn't pay this bill. 나 이 청구서를 지불하지 **않았어**.
B: Don't worry. I'll pay. 걱정 마. 내가 지불할게.

Choose the correct one!

두 문장 중 올바르게 말한 문장을 골라보세요. (정답은 페이지 하단에서 확인)

1 

(A) I did not see it.
(B) I see not it.

2 

(A) I didn't pick this color.
(B) I didn't this color pick.

3 

(A) I order not this food.
(B) I didn't order this food.

4 

(A) I didn't expect it.
(B) I not didn't expect it.

5 

(A) I didn't want this book.
(B) I am not want this book.

6 

(A) I pay not this bill.
(B) I didn't pay this bill.

Answer

1. (A) 2. (A) 3. (B) 4. (A) 5. (A) 6. (B)

보너스 단어를 활용하여 문장을 만들어보세요. (영어 문장은 다음 페이지에서 확인)

Plus 8 Words

I didn't ~

say	❶ 난 그걸 **말하지** 않았어요.
hear	❷ 난 그걸 **듣지** 못했어요.
notice	❸ 난 그걸 **알아채지** 못했어요.
receive	❹ 난 그 상자를 **받지** 못했어요.
watch	❺ 난 그 영화를 **보지** 못했어요.
lie	❻ 난 그것에 대해 **거짓말하지** 않았어요.
know	❼ 난 그것에 대해 **알지** 못했어요.
ask	❽ 난 그에게 돈을 **요구하지** 않았어요.

감정과 제스처를 곁들여 10번 이상 반복해서 크게 말해 보세요.

Plus 8 Words

발음 확인: www.youtube.com/이근철tv

말하다	❶ I didn't **say** it. 난 그걸 **말하지** 않았어요.
듣다	❷ I didn't **hear** it. 난 그걸 **듣지** 못했어요.
알아채다	❸ I didn't **notice** it. 난 그걸 **알아채지** 못했어요.
받다	❹ I didn't **receive** the box. 난 그 상자를 **받지** 못했어요.
보다, 시청하다	❺ I didn't **watch** the movie. 난 그 영화를 **보지** 못했어요.
거짓말하다	❻ I didn't **lie** about it. 난 그것에 대해 **거짓말하지** 않았어요.
알다	❼ I didn't **know** about it. 난 그것에 대해 **알지** 못했어요.
묻다, 요구하다	❽ I didn't **ask** him for money. 난 그에게 돈을 **요구하지** 않았어요.

Essential Irregular Verbs

현재, 과거 등, 시제에 따라 모습이 변하는 동사를 알아두세요.

		현재	과거	과거분사
□	**do** 하다	do(es)	did	done
□	**go** 가다	go(es)	went	gone
□	**see** 보다	see(s)	saw	seen
□	**know** 알다	know(s)	knew	known
□	**eat** 먹다	eat(s)	ate	eaten
□	**give** 주다	give(s)	gave	given
□	**forgive** 용서하다	forgive(s)	forgave	forgiven
□	**take** 잡다, 취하다	take(s)	took	taken
□	**bite** 물다	bite(s)	bit	bitten
□	**fall** 떨어지다	fall(s)	fell	fallen
□	**hide** 숨기다	hide(s)	hid	hidden
□	**rise** 오르다	rise(s)	rose	risen

		현재	과거	과거분사
□	**break** 부수다	break(s)	broke	broken
□	**choose** 선택하다	choose(s)	chose	chosen
□	**drive** 운전하다	drive(s)	drove	driven
□	**freeze** 얼다	freeze(s)	froze	frozen
□	**get** 얻다	get(s)	got	gotten
□	**ride** 타다	ride(s)	rode	ridden
□	**shake** 흔들다	shake(s)	shook	shaken
□	**speak** 말하다	speak(s)	spoke	spoken
□	**steal** 훔치다	steal(s)	stole	stolen
□	**wake** (잠에서) 깨다	wake(s)	woke	woken
□	**write** 쓰다	write(s)	wrote	written

	현재	과거	과거분사
☐ **begin** 시작하다	begin(s)	began	begun
☐ **drink** 마시다	drink(s)	drank	drunk
☐ **sink** 가라앉다	sink(s)	sank	sunk
☐ **ring** 울리다	ring(s)	rang	rung
☐ **sing** 노래 부르다	sing(s)	sang	sung
☐ **swim** 수영하다	swim(s)	swam	swum
☐ **blow** 불다	blow(s)	blew	blown
☐ **draw** 그리다, 끌다	draw(s)	drew	drawn
☐ **fly** 날다	fly(s)	flew	flown
☐ **grow** 자라다	grow(s)	grew	grown
☐ **throw** 던지다	throw(s)	threw	thrown

	현재	과거분사	과거분사
☐ **bear** 낳다	bear(s)	bore	born
☐ **swear** 맹세하다	swear(s)	swore	sworn
☐ **tear** 찢다	tear(s)	tore	torn
☐ **wear** 입다	wear(s)	wore	worn
☐ **lie** 누워있다	lie(s)	lay	lain
☐ **lie** 거짓말하다	lie(s)	lied	lied
☐ **lay** 놓다, 두다	lay(s)	laid	laid

이근철TV 영어회화 1
입이 터질 수밖에 없는 Easy Breezy English

초판 1쇄 발행 2019년 10월 10일
초판 2쇄 발행 2019년 10월 17일

지은이 이근철
펴낸이 유성권

편집장 양선우
책임편집 정영선
진행 백주영
편집 신혜진 윤경선
해외저작권 정지현 **홍보** 최예름
미디어 제작총괄 이찬형(이근철언어문화연구소)
마케팅 김선우 박희준 김민석 박혜민
제작 장재균 **물류** 김성훈 고창규

펴낸곳 ㈜ 이퍼블릭
출판등록 1970년 7월 28일, 제1-170호
주소 서울시 양천구 목동서로 211 범문빌딩 (07995)
대표전화 02-2653-5131 | **팩스** 02-2653-2455

메일 loginbook@epublic.co.kr
포스트 post.naver.com/epubliclogin
홈페이지 www.loginbook.com

이 도서의 국립중앙도서관 출판예정도서목록(CIP)은 서지정보유통지원시스템 홈페이지(http://seoji.nl.go.kr)와 국가자료공동목록시스템(http://www.nl.go.kr/kolisnet)에서 이용하실 수 있습니다. (CIP제어번호: 2019036230)